SPURS
10
AKERS

USA
CHRISTIAN

Benoît Heimermann collabore à de nombreux journaux et magazines depuis plus de dix ans. Durant cette période, il a effectué près d'une trentaine de voyages aux Etats-Unis, où il a assisté aux plus grandes compétitions sportives (Super Bowl, World Series, Masters de golf, US Open de tennis, Coupe de l'America, etc.). Il a déjà écrit plusieurs ouvrages dont *La Fin des Jeux olympiques* (Garnier, 1980), *L'Internationale du tennis* (Ramsay, 1982) et *Seuls autour du monde* (Ouest-France, 1989).



*Dépôt légal : juin 1990*
*Numéro d'édition : 48605*
*ISBN : 2-07-053104 X*
*Imprimerie Kapp-Lahure-Jombart, à Evreux*

# LES GLADIATEURS DU NOUVEAU MONDE
## HISTOIRE DES SPORTS AUX ÉTATS-UNIS

Benoît Heimermann

DÉCOUVERTES GALLIMARD
SPORTS ET JEUX

Sous des dehors d'explorateur intrépide, Samuel de Champlain dissimule une grande fraîcheur d'âme. Rien ne l'excite davantage que d'étudier les us et coutumes des Algonquins, Hurons ou Iroquois. De toutes les pages qu'il dédie aux Indiens, entre 1615 et 1618, celles qu'il consacre aux «jeux et sports des bons sauvages» sont les plus enthousiastes.

CHAPITRE PREMIER

# LE TEMPS DES PIONNIERS

Explorateur et cartographe, le Français Samuel de Champlain (1567-1635) fut à l'origine de la fondation du Québec.

Dans ses carnets de voyage, Champlain signalait par exemple que certains Indiens ne négligeaient jamais de transformer leurs contraintes quotidiennes en divertissement, et que la chasse au cerf, en particulier, était considérée par certains comme un dérivatif de premier ordre. «Je vous l'affirme, exulte l'aventurier français, la joie et l'amusement président à ces choses dans des proportions dont nous n'avons pas idée.» Et d'énumérer, avec force détails, les ingrédients qui caractérisaient ces battues. Grâce à des palissades de bois, des goulots d'étranglement et des portes amovibles, les Indiens rationalisaient la chasse et amélioraient leurs performances.

**Guerriers intrépides, les Indiens sont des sportifs dans l'âme**

Manifestement impressionné, Champlain mentionne dans ses rapports une battue de grande envergure qui aurait permis de capturer cent vingt cerfs en l'espace de trente-huit jours. Une manière de record. Peut-être le premier enregistré et rapporté sur le sol américain.

Lui-même explorateur et ethnologue, James Adair confirma l'esprit ludique des Indiens lorsqu'il signala en 1775 la passion des Cherokees de Floride pour le «stickball». A l'en croire, ce jeu collectif, disputé avec

C'est parce que les instruments des premiers joueurs de «stickball» ressemblaient à s'y méprendre à des crosses d'évêque que les colonisateurs français baptisèrent leur nouveau jeu «lacrosse».

une balle de peau et des crosses de bois – les colonisateurs français le baptisèrent logiquement «lacrosse» –, dégénérait souvent en émeute. Organisé au mépris de toute règle et de toute logique, il opposait, paraît-il, jusqu'à quatre cents participants dont les plus morbides utilisaient, en guise de balle, un crâne capturé à l'ennemi! Dans le même ordre d'exagération, plusieurs ouvrages signalent un match disputé en juin 1763 au pied du fort de Michillimacking fatal à plusieurs centaines de guerriers indiens!

Des études plus sérieuses et plus récentes permettent de relativiser ces récits macabres. Loin des excès supposés, le lacrosse était en réalité un sport organisé et fair play. Contrairement aux idées reçues, les participants – au nombre de huit ou de vingt-deux, selon la nature du terrain – obéissaient à des règlements stricts. Avant la compétition, ils se soumettaient à un régime alimentaire précis et subissaient un entraînement adapté. Mieux, ils bénéficiaient du concours d'un entraîneur et pouvaient être secondés par des remplaçants en cas de blessures. Des arbitres pouvaient même, le cas échéant, ordonner une pause, compte tenu du degré de fatigue de l'ensemble des participants. Parfaitement pensé et structuré, le lacrosse anticipait tous les sports d'équipe à venir.

Adopté dans de nombreux collèges et universités, le lacrosse a cessé d'être un sport folklorique au début du XX^e^ siècle. Sa pratique a néanmoins toujours été encouragée dans les réserves indiennes.

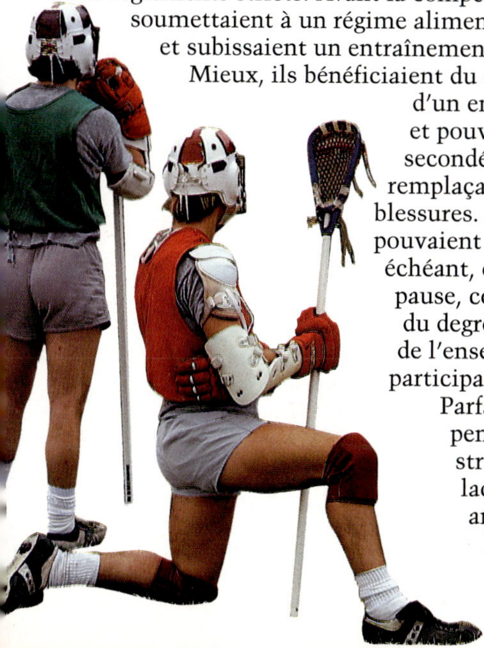

On joue aujourd'hui au lacrosse dans plus de 125000 clubs à travers les Etats-Unis et le Canada. Depuis 1986, il existe même une «League» professionnelle composée de six clubs.

Loin des horreurs rapportées par certains chroniqueurs volontiers rétrogrades, le lacrosse n'était pas un sport violent. Il répondait au contraire à des règles de savoir-vivre tout à fait surprenantes. Les tricheries et les débordements étaient exceptionnels. Le lacrosse se jouait par tous les temps, bien que les participants fussent le plus souvent vêtus du plus simple appareil. Pour être en forme le jour J, les compétiteurs étaient tenus à l'abstinence sexuelle sept jours avant la rencontre. Les «sticks» (bâtons) mesuraient à peine plus d'un mètre et la balle, dont le diamètre n'excédait pas huit centimètres, était faite de poils d'animaux enfermés dans une peau de daim. Si d'aventure tous les participants d'un match se déclaraient fatigués, le juge décrétait l'arrêt du jeu avec l'accord des deux parties.

## Les puritains condamnent le sport

Tous les explorateurs partis à la découverte du Nouveau Monde ne furent pas sensibles aux charmes du lacrosse. La description et l'interprétation qu'ils ont fait de ce jeu reposaient sur un profond malentendu : les héritiers du *Mayflower* abhorraient toutes les formes d'activités sportives quelles qu'elles soient. Puritains ou quakers, ils rejetaient l'idée même de loisir. A leurs yeux, la pêche ou encore la chasse ne pouvaient être considérées comme un passe-temps. Seule l'utilité de semblables exercices pouvait être prise en compte.

Les bigots ne s'arrêtèrent pas en si bon chemin. Dès le milieu du XVII^e^ siècle, ils institueront une série d'ukases plus ou moins rédhibitoires. En 1647, la cour de justice du Massachusetts Bay s'élève contre le jeu sous toutes ses formes. Dix ans plus tard, le

Les premiers colons furent naturellement portés vers la chasse et la pêche. Comme en Angleterre, les mieux lotis alliaient nécessité et plaisir. Aujourd'hui encore, ces deux activités trouvent leur place dans les rubriques sportives des journaux régionaux et nationaux.

Dans un pays où certaines législations interdisaient que l'on embrasse sa femme en public, les jeux d'argent n'étaient guère encouragés. Pis, ils étaient combattus. Au mépris des règles et des risques, les immigrés de tous bords eurent bien du mal à réfréner leur passion. De ces antécédents découle sans doute l'incroyable goût du jeu et des paris qui habite encore tous les Américains.

gouverneur de la ville de New York, Peter Stuyvesant, promulgue une loi interdisant la pratique du sport le jour du seigneur. Ses pairs ne sont pas en reste. En 1674, les responsables de la colonie de Plymouth menacent d'amende et de mise aux fers tout individu participant de près ou de loin à des paris.

Dans le même temps, les jeux de carte et les activités de bar sont bannis dans le Connecticut. Coupable d'avoir joué à la balle le jour du sabbat, le dénommé Nathaniel Reed est contraint, en 1693, de verser 12 shillings de contravention. La prohibition du sport et de toute forme de jeu sont plus que jamais à l'ordre du jour.

## Le cheval est le meilleur ami de l'homme. Il est aussi son premier compagnon de jeu

Elevé au rang de symbole patriotique dès la fin du XVIIe siècle, le cheval contribua, bien malgré lui, à la levée des interdictions. Passé ses attributions naturelles (locomotion, chasse, élevage), il ne tarde pas à s'imposer comme un compétiteur hors pair. Malgré les menaces, les pionniers multiplient les défis et les confrontations. Les courses organisées et les premiers anneaux de vitesse ne se généraliseront qu'à partir de 1800, mais déjà les propriétaires de Virginie ou du Maryland ne cessent de

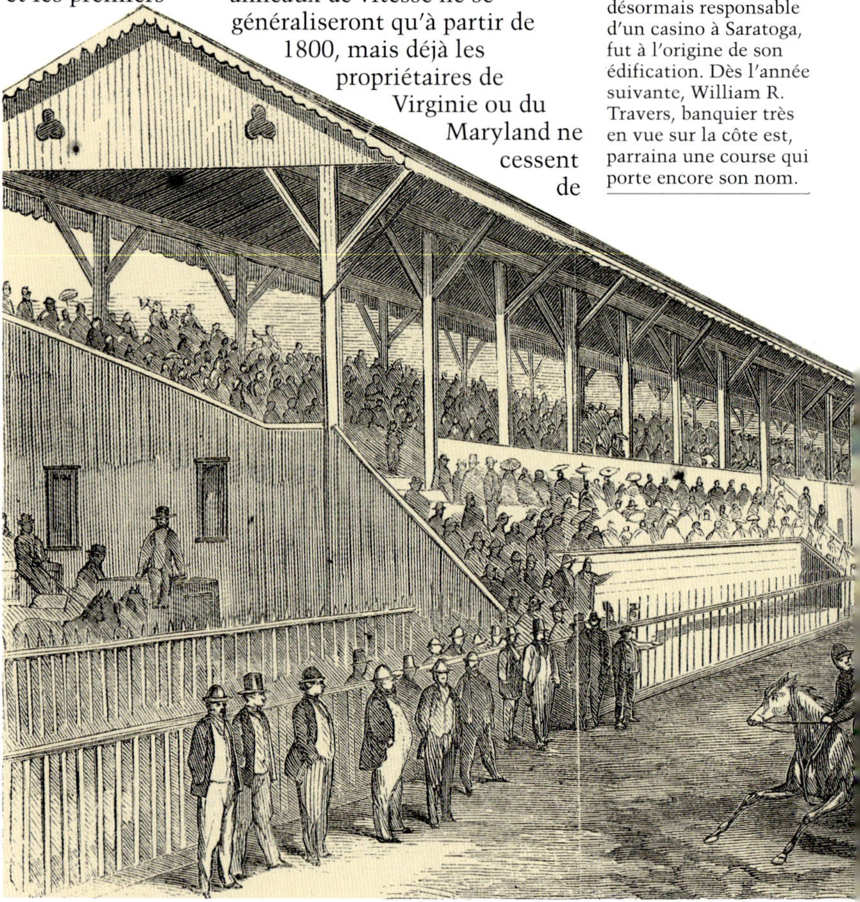

Le nouvel hippodrome de Saratoga fut inauguré le 3 août 1863. Huit courses y furent organisées en quatre jours auxquelles prirent part vingt-six chevaux. Ex-boxeur, ex-politicien, propriétaire d'une maison de jeu à New York, John Morrissey, désormais responsable d'un casino à Saratoga, fut à l'origine de son édification. Dès l'année suivante, William R. Travers, banquier très en vue sur la côte est, parraina une course qui porte encore son nom.

jouer la surenchère. Leurs goûts s'affinent. Les pur-sang sont de plus en plus recherchés. Les fermes de reproduction se multiplient.

En 1788, le célèbre Messenger, tenu pour le père de la plus importante lignée de chevaux de course américains, débarque d'Angleterre. Parce qu'il a parcouru un mile en moins de trois minutes, les enfants en parlent comme s'il s'agissait d'un être humain. Lorsqu'il mourra en 1808, il sera enterré avec les honneurs militaires, sous une dalle de granite.

Louisville, Washington et surtout Saratoga accueillent sur leurs hippodromes des courses chaque jour plus nombreuses et plus disputées. A partir de 1850, les jockey-clubs, les journaux spécialisés et les officines de paris prolifèrent sans que personne n'y trouve à redire.

A l'origine, la fonction de jockey n'était guère plus gratifiante que celle de garçon de ferme. On comprend mieux, dès lors, que certains cavaliers noirs furent admis à participer à des courses tout ce qu'il y a de plus officiel.

## Les esclaves jouent leur liberté à coups de poing

Trop longtemps contenue, la passion du sport contamine bientôt toutes les couches de la population. Pour les descendants des pionniers, les activités physiques permettent d'assouvir un goût prononcé pour les jeux d'argent. Les spectacles sportifs n'existent pas en tant que tels. Ce sont les paris qu'ils suscitent qui importent. Dans les plantations du sud du pays, les grands propriétaires terriens s'affrontent par boxeurs interposés. Les bêtes à concours, mieux nourries et mieux soignées que le commun des esclaves, sont logées dans des cases spéciales. Non seulement ils attirent sur leur tête des mises qui bien évidemment leur échappent, mais ces gladiateurs d'un autre temps luttent souvent jusqu'à la mort. Les pugilats qu'ils animent s'interrompent uniquement faute de combattants et un répit de quelques minutes n'est accordé que lorsque l'un des deux prétendants est jeté au tapis.

Malgré les risques et la concurrence, Tom Molineux parvient néanmoins à se faire un nom. Entre 1805 et 1810, ce géant au torse de briseur de chaîne ne trouva pas d'adversaire à sa mesure. Les chroniqueurs du temps lui prêtèrent tant d'exploits que les historiens finirent par admettre qu'il avait un frère jumeau. Affranchi et reconnu, Molineux fut autorisé à défendre l'honneur américain en Angleterre. Le 10 décembre 1810, à Copthall Common (Sussex), après quarante rounds d'une bataille de titans, il subit néanmoins la loi du champion local, un certain Tom Cribb.

Après sa victoire contre l'Anglais Tom Cribb, la réputation de Tom Molineux fut si considérable qu'apparurent dans son sillage toute une série d'imitateurs qui n'eurent de cesse d'usurper son identité. Au fil des ans, on célébra le Jeune Molineux, Molineux le Prince marocain, Molineux le Maure et même le Vrai Molineux !

## Les «pedestrians» sont les premiers coureurs professionnels de l'Histoire

Longtemps les coureurs à pieds ne furent guère mieux lotis que les boxeurs. Eux aussi, avant de s'émanciper, servirent de faire-valoir à des propriétaires peu respectueux de la condition humaine. Libérés, les pedestrians adoptèrent à partir de 1850 de véritables noms de guerre. Boston Buck, Yankee Clipper, Speed Boy, Welsh Bantan, Bunker Hill, Running Butcher eurent, les premiers, les faveurs du public.

Ils furent bientôt dépassés, au propre comme au figuré, par Louis Bennett, mieux connu sous le sobriquet de Deer Foot. Mi-indien mi-écossais, ce coureur d'exception était reconnaissable entre tous : revêtu d'un léger pagne et de mocassins en daim, d'où son surnom, il portait autour de la tête un bandeau agrémenté d'une plume.

Louis Bennett, surnommé Deer Foot (pied de daim), fut sans doute le premier coureur à user de tactique. Ses démarrages lents et ses arrivées rapides firent le bonheur de ses admirateurs, y compris du futur Edward VII d'Angleterre qui alla jusqu'à parier 10 livres sterling sur sa victoire lors d'une tournée en 1861.

Les journaux ne se contentaient pas de rendre compte de ces rallyes pédestres, ils commandaient eux-mêmes des défis, parfois grandiloquents. En 1835, l'un d'eux proposa 100 dollars au premier athlète qui couvrirait 10 miles en moins d'une heure.

En 1844, John Barlow parcourut cette même distance en 54 minutes et récupéra 700 dollars pour la peine. Certaines épreuves connurent un tel succès que la police dut intervenir pour contenir les débordements des spectateurs massés le long du parcours. Le sport n'est plus interdit : il est descendu dans la rue.

Très active, la presse participa au succès des courses pédestres.

## Les émigrés hollandais se distraient comme ils peuvent

Parce qu'ils furent les premiers, sur le nouveau continent, à ouvrir et à tenir des débits de boissons, les émigrés hollandais furent aussi les premiers à populariser toute une série de sports importés de la mère patrie. Malgré les menaces des représentants de l'Eglise réformée, les orphelins du royaume des Pays-Bas jouèrent très tôt au bowling ou au «kaetzen» – un jeu de balle que l'on pourrait apparenter à la pelote – dans les arrière-cours des tavernes de La Nouvelle-Amsterdam.

La plus vieille allusion à un jeu de boules sur le continent nord-américain date de 1714. Importé par les Hollandais, le «lawn bowls» (jeu de boules sur gazon) eut, cette année-là, les honneurs du *Boston News Letter* : «Le terrain de bowling qui appartenait à M. James Ivers est désormais la propriété de M. Daniel Stevens, par ailleurs gérant du British Coffee House. Messieurs, marchands et autres sont les bienvenus.»

En 1657, à Fort Orange, trois hommes avaient été accusés de pratiquer une activité que l'on a souvent attribuée aux Ecossais mais qui fut, elle aussi, originellement mise au point par les Hollandais : le «kolven», autrement dit le golf. Les émigrés du plat pays n'eurent par ailleurs aucun mal à imposer le patinage dans une région où rivières et lacs sont gelés plusieurs mois par an.

Dans un registre beaucoup moins bucolique, les protestants ne furent pas les derniers à encourager un certain nombre de jeux de foire où les animaux tenaient souvent le mauvais rôle. On ne compte plus

Les patins en acier ne furent introduits en Amérique qu'en 1848 par E. W. Bushnell, originaire de Philadelphie. Avant cette date, les engins étaient faits de bois et de corne.

les combats ou exercices plus ou moins cruels qui, à cette époque, mettaient aux prises des coqs, des oies ou des lapins.

Pour l'émigré hollandais, le sport (forcément populaire) devait avant tout revêtir une fonction récréative. De son point de vue, les vertus éducatives ou thérapeutiques des activités de loisir étaient secondaires. Nettement moins prioritaires en tout cas qu'elles l'étaient dans l'esprit de ses cousins anglais.

La société Pour la prévention de la cruauté envers les animaux, fondée dès 1659, n'a jamais pu empêcher la prolifération des combats de coqs sur le territoire américain.

## L'Angleterre n'est déjà plus qu'un lointain souvenir

De même que les bâtiments publics érigés dans le Connecticut ou le New Hampshire sont directement inspirés des principes architecturaux préconisés

à Londres, de même qu'Harvard ou Yale sont les copies conformes des meilleures universités britanniques, de même le sport américain est un parent on ne peut plus rapproché du sport anglais. Les sujets de Sa Majesté, en rupture momentanée de terre natale, n'omirent aucun de leurs passe-temps favoris, ni surtout l'état d'esprit dans lequel ils les pratiquaient.

En l'espace de quelques générations, la Virginie, la Géorgie, le Rhode Island accueillirent des clubs de cartes ou de billard, d'équitation ou de voile en tout point comparables à ceux qui faisaient, au début du siècle, la réputation de nos voisins d'outre-Manche. A une différence près cependant : les Américains accusèrent très vite un goût prononcé pour la «recordite». Pour eux la surenchère devint une raison d'être.

La notion de loisir fut largement entretenue par les immigrés d'origine anglaise. Pour le plus grand bonheur des joueurs de billard et celui des rameurs lancés sur l'Hudson à portée d'aviron du port de New York.

Les marins anglais l'apprirent à leurs dépens, en 1851, lorsque le New York Yacht Club dépêcha sa meilleure unité aux abords de l'île de Wight afin qu'elle participe à une régate contre les plus fiers bateaux britanniques. Non content de remporter la course, *America* la domina tant et plus que la reine Victoria, invitée pour la circonstance, eut bien du mal à féliciter ses compatriotes perdus à l'horizon. Au-delà du symbole, ce crime de lèse-majesté illustre le fossé qui petit à petit se creusa entre les deux nations les plus sportives du monde.

Trop heureux de profiter d'un héritage riche de mille et un trésors, les Américains s'empressèrent de radicaliser certains principes ou de modifier certaines règles. La plupart du temps ils adaptèrent à leurs goûts des activités estimées trop figées ou trop sclérosées.

Entre 1851 – date de la première confrontation entre les Anglais et les Américains qui se perpétuera sous le nom d'America's Cup – et 1871, «la République et le Royaume se sont rencontrés à 36 reprises. Les Etats-Unis ont remporté 23 matchs, l'Angleterre 13. Les Anglais avouent que leurs yachts n'ont jamais pu obtenir les vitesses des yachts américains, mais ils prétendent qu'ils leur sont supérieurs en qualités nautiques» (*Le Yacht*, 3 mars 1883).

Vitesse, compétitivité, efficacité devinrent les maîtres mots du sport américain. Il n'est que de voir le destin, sur le nouveau continent, d'une activité aussi fondamentale que le cricket pour comprendre les priorités des rénovateurs.

Adopté par les bourgeois de Boston, de New York ou de Philadelphie dès le début du XVIII^e siècle, le sport national anglais ne parvint jamais à séduire les classes populaires américaines. Jugé trop mondain, il perdurera en cercle fermé durant plusieurs décennies avant de mourir définitivement. Déjà pointait à

Il est fait pour la première fois allusion aux «rounders» (ancêtre du base-ball) dans le *Livre des sports* de Robin Carver, publié en 1834.

l'horizon la promesse d'un sport nouveau, du passe-temps américain par excellence : le base-ball.

## Le base-ball, version revue et corrigée du cricket anglais, devient le premier sport national

Longtemps les historiens se sont contredits sur les origines du base-ball. Sans doute gênés de constater que le sport en passe de devenir le plus prisé du continent ne soit que le succédané d'un jeu typiquement anglais, les plus anciens n'hésitèrent pas à mentir. Selon eux, le base-ball serait né en 1839 à Cooperstown, dans l'Etat de New York. Là, Abner Doubleday, cadet de West Point et futur héros de la guerre de Sécession, aurait supervisé une rencontre dont l'organisation et le déroulement laissent à penser qu'elle aurait été la première de ce genre sur le continent nord-américain.

Aux yeux de ses hagiographes, Doubleday était un inventeur idéal. Pédagogue respecté, il avait le privilège de jouir d'une réputation sans tache. Il avait surtout l'avantage d'être né sur le sol américain. Aux yeux des amateurs du sport le plus représentatif de l'esprit national, ce seul argument garantissait sa crédibilité. Albert G. Spalding ne fut pas le dernier à entretenir le malentendu. En 1911, se rappelant les temps héroïques, ce riche entrepreneur renchérissait : «Le base-ball est notre sport national du simple fait qu'il réclame pour sa pratique du courage, de la combativité, de la vitesse, de la discipline, de la détermination, de l'énergie, de l'endurance, de l'esprit, de la sagacité, de la vigueur et de la virilité, autant de qualités qui sont typiquement américaines.»

## Alexander Joy Cartwright est le véritable père du base-ball

A rebours on ne peut tenir rigueur aux uns et aux autres d'avoir entretenu cette contrevérité historique. Mais les garants du jeu auraient dû néanmoins y réfléchir à deux fois avant d'écrire l'Histoire. Une once de curiosité supplémentaire aurait dû les inciter à contacter Alexander Joy Cartwright. Américain de pure souche, ce bon barbu peut et doit être tenu pour

Le brigadier général Doubleday (ci-dessus) fut longtemps tenu pour l'inventeur du base-ball. Un privilège qui revient en réalité à Cartwright (à droite).

le seul et véritable père du base-ball. S'il n'a pas imaginé le jeu, importé on l'a vu d'outre-océan, il a, avant tout le monde, adapté les règles, établi la topographie de l'aire de jeu et défini à sa manière le rôle de chacun des participants.

Quelques documents dignes de foi fixent au 19 juin 1845 la première rencontre disputée selon le bon vouloir de ce novateur de génie. Pour la petite (et la grande) histoire, le *jamboree* qu'il organisa opposait l'équipe des Knickerbockers à celle des clubs réunis pour l'occasion à l'Elysian Field de New York au croisement de Lexington avenue et de la 34e rue. Un endroit sur la carte que l'on peut tenir comme le véritable point de départ de l'aventure sportive américaine.

En 1845, deux équipes de neuf joueurs s'affrontent sur le pourtour d'un losange («diamond») de 90 pieds de côté, délimité en chacun de ses angles par une base. Tandis qu'une équipe composée de batteurs («batters») s'efforce d'accumuler les «runs» (distance entre deux bases), l'autre, composée du lanceur («pitcher»), de l'attrapeur («catcher») et des joueurs de champ («fielders»), essaie de lui infliger des «out», en empêchant le batteur de frapper la balle ou de rejoindre une base.

TIP TOP QUARTERLY
Issued Quarterly. By subscription, $2.00 per year. Entered as second-class matter at the New York post-office by Street & Smith.
Vol. IV. No. 15
MARCH, 1900.
Price Fifty Cents.
FRANK MERRIWELL AT YALE AGAIN
OR · BATTLING FOR THE BLUE ·
BY
BURT L. STANDISH

Un beau jour de 1864, dans l'enceinte de la prison de Salisbury en Caroline du Nord, une demi-douzaine de détenus yankees s'attirent les faveurs de leurs gardiens sudistes en les initiant au jeu de base-ball. En pleine guerre de Sécession, la démarche est courageuse. Elle a surtout le mérite de souligner les vertus d'un sport qui passe outre aux frontières et aux antagonismes.

## CHAPITRE II

# LENDEMAINS DE GUERRE PROMETTEURS

La guerre de Sécession (1861-1865) fit beaucoup pour le sport. Elle permit les échanges et favorisa l'esprit de compétition. Le base-ball en profita mais également le football, qui deviendra le deuxième sport typiquement américain.

Au-delà du traumatisme, les quatre années de guerre qui ont mis à feu et à sang les Etats-Unis ont profondément bouleversé les goûts et les aspirations des Américains. S'il a fait payer un lourd tribut aux deux camps (si cent trente mille morts et quatre cent mille blessés, pour une population totale de 31,5 millions d'habitants), le conflit a aussi précipité des avancées technologiques étonnantes et favorisé des rapprochements sociaux tout à fait inattendus.

Durant cette période, le brassage des populations fut tel et les voyages des uns et des autres si nombreux que l'ensemble des Américains se mit à conjuguer ses envies sur le même mode. Pour mieux oublier la guerre, l'intérêt de l'opinion publique se déplaça des héros guerriers aux champions sportifs. Encore très peu répandu dans le Midwest et dans le Sud, le base-ball fut le premier sport à bénéficier de ce chambardement.

**Le plus populaire des sports américains prend le train**

En 1858, sept ans avant que n'éclate la guerre civile, on dénombrait environ vingt-cinq clubs de base-ball dans la périphérie de New York. Une misère. Grâce au développement des transports et à l'extension du réseau de chemin de fer, ce chiffre évolua rapidement. Comme d'authentiques prophètes, les pionniers du jeu disposaient enfin d'un moyen pratique et confortable pour diffuser la bonne parole au-delà des limites de la cité. Grâce à ces échanges, les règles de jeu, souvent contradictoires, se sont naturellement unifiées.

Au lendemain de la guerre, les équipes de Detroit, Milwaukee, Dubuque et Chicago marient leurs efforts et disputent ensemble un tournoi à Rockford, dans l'Illinois. Le base-ball gagne du terrain. Il contribue même à modifier la topographie de certains grands centres urbains. C'est en bout de ligne, à proximité des terminus de tramways, que s'élèvent les premiers stades dignes de ce nom.

L'art du base-ball s'apparenta rapidement à l'art de lancer une balle d'environ 150 g et de 8 cm de diamètre de telle façon qu'elle échappe à la vigilance du batteur.

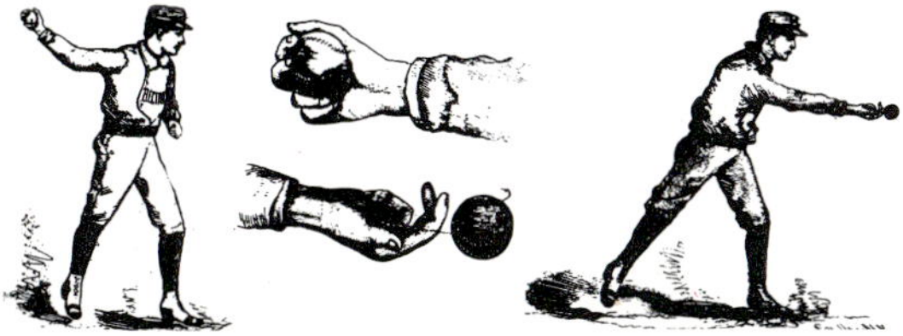

Quant aux batteurs, ils améliorèrent leur technique afin de frapper la balle le plus violemment possible et d'empêcher les joueurs de champ, et l'attrapeur, de s'en emparer.

## L'information circule de mieux en mieux et les journaux spécialisés se multiplient

En même temps que les moyens de transport, les moyens de communication – en plein boom au sortir de la guerre – participent activement à la diffusion du sport à travers les Etats-Unis. L'installation des premières lignes télégraphiques transcontinentales et la mise en route des premières grandes rotatives de presse assurent, chacune à leur manière, le succès de spectacles jusque-là confidentiels.

Henry William Herbert, fils d'un avocat anglais débarqué à New York en 1831, est tenu pour le premier journaliste sportif américain. Pilier de l'*American Turf Register and Sport Magazine*, fondé deux ans plus tôt, il lance la mode des comptes rendus hippiques. D'autres journaux suivront. La *National Police Gazette* de Richard Kyle Fox en particulier qui tient lieu de référence à partir de 1874. Intelligemment distribué chez les barbiers ou les médecins, ce premier magazine spécialisé connut très vite des tirages importants (jusqu'à quatre cent mille exemplaires).

Dans le même temps, grâce au télégraphe, les «pool rooms» (officines de bookmakers), investies par les parieurs, et les saloons, spécialisés dans la diffusion des résultats sportifs, se multiplièrent. Dès 1869, l'Atlantic Cable a permis une liaison directe avec l'Angleterre où l'actualité sportive est intense. Sur le territoire américain, la Western Union intensifia ses efforts. En 1889, cinquante opérateurs furent réquisitionnés pour envoyer les deux cent huit mille mots de commentaire à l'issue du combat de boxe Sullivan-Kilrain.

Cet engouement médiatique incita certains publicitaires à se mêler au débat. Dès le début des années 1890, plusieurs fabricants de cigarettes (Peerless, Plug Chewing, Croquet, Iroquois) profitèrent de la popularité de certains sportifs pour vanter les mérites de leurs produits.

Les premières vedettes du sport américain (les footballeurs et les baseballeurs en particulier) ont profité de toute une série de supports publicitaires : boîte d'allumettes, calendrier ou boîte de biscuits.

Huntley & Palmers,
Reading & London,
BISCUITS.

## Les records et les exploits sont plus que jamais à l'ordre du jour. L'essentiel est de surprendre...

De la concurrence naît la surenchère. A force de rivalités, les journaux les plus importants du pays – désormais dotés d'une rubrique sportive – suscitent des initiatives parfois surprenantes, souvent loufoques. Chaque semaine voit naître une compétition nouvelle, dotée de prix parfaitement déraisonnables.

Aux frontières du sport et des jeux de cirque, les «hommes les plus forts du monde» font le spectacle. Ils se battent contre des taureaux, sautent du haut du pont de Brooklyn ou soulèvent des roues à aubes. Les briseurs de fonte, les cracheurs de feu, les fildeféristes et les jongleurs sont les rois de spectacles toujours organisés sous forme de compétition. Richard Fox, le patron de la *National Police Gazette*, pousse à la roue. Il finance, tour à tour, des combats de boxe féminins, des courses de chiens et même des concours de coiffeurs.

Les épreuves pédestres, qui n'avaient cessé de proliférer avant la guerre de Sécession, n'avaient rien à envier à ces mises en scène extrémistes. Elles aussi proposaient ce qu'il faut de drame et d'accidents à des spectateurs toujours plus exigeants. En 1861, Edward Payson Weston, revêtu de sa culotte fétiche en soie noire, avait couvert, en moins de dix jours, les 478 miles qui séparent Boston de Washington. Mieux, comme le suggérait le pari que ses commanditaires lui avaient demandé de tenir, il parvint au terme de son raid juste avant l'investiture du président Lincoln.

D'emblée, les premiers 6 Jours pédestres organisés en 1867 au Gilmore's Garden de New York connaissent un vif succès. Régulièrement, les meilleurs coureurs de fond – Daniel O'Leary, Charles Rowell, John Ennis, Patrick Fitzgerald, George Littlewood – se retrouvent pour en découdre dans une ambiance survoltée. Le sport fait plus que jamais recette. La preuve : la constitution, en 1868, des premiers groupes de supporters.

A une époque où la crédulité et l'enthousiasme du public étaient très forts, les animateurs de spectacles jouèrent souvent de la confusion des genres. Aux frontières de la gymnastique et du cirque, ils proposèrent quantité d'exhibitions souvent impressionnantes.

## A peine débarquée d'Europe, la petite reine impose une nouvelle mode

Dès 1869, les Américains ont essayé le «dandy horse» français. Mais ils ont attendu 1876 et l'Exposition universelle de Philadelphie, pour se familiariser avec la fameuse bicyclette aux roues asymétriques (celle de devant plus grande que celle de derrière). A l'issue de deux voyages d'étude en Angleterre, A. A. Pope, entrepreneur à Boston, propose une machine entièrement réalisée aux Etats-Unis : la fameuse Columbia. Coup sur coup, cette même ville accueille le premier club structuré, le premier magazine

Les femmes firent beaucoup pour le succès de la bicyclette aux Etats-Unis. Du 6 au 11 janvier 1896, au Madison Square Garden de New York, eurent lieu les premiers 6 Jours cyclistes exclusivement féminins. Déclarée victorieuse, Frankie Nelson parcourut 418 miles.

spécialisé et la première compétition d'envergure. Le 30 mai 1880, sous l'égide du Boston Bicycle Club, trente et une équipes, venues des quatre coins de la région, se réunissent à l'occasion du Decoration Day.

C'est le début d'une formidable poussée de fièvre accélérée par la fabrication à grande échelle de la «safety bicyclette» (aux roues symétriques) à partir de 1890. La généralisation des pneus et la naissance d'une clientèle féminine entretiennent l'émulation. En 1893 on compte un million de vélocipèdes à travers le pays. Dans le même temps, la vente des pianos à queue diminue de moitié.

Le plus logiquement du monde, le cyclisme devient l'enjeu de compétitions et de spectacles. Deux vélodromes sont érigés à West Springfield et East Hartford. Ici et là, les amateurs subissent la loi des professionnels chargés de vanter les mérites de tel ou tel produit (Columbia, Imperial, Monarch). Durant les dix dernières années du siècle, la vogue des 6 Jours cyclistes bat son plein et les tentatives de record pullulent.

A ce petit jeu, le «major» Taylor se taille une jolie réputation. Ce petit-fils d'esclave, né dans la banlieue d'Indianapolis en 1878, est l'un des tout premiers

Non contents d'accumuler les compétitions de six jours, qui, à l'origine, obligeaient effectivement les participants à rouler sans discontinuer durant six jours et six nuits, les premiers champions cyclistes s'astraignaient aussi à un entraînement très rigoureux. Les premiers 6 Jours organisés aux Etats-Unis ont eu lieu à Chicago en 1879. Ils furent remportés par un Anglais : W. Cann.

athlètes noirs à défrayer la chronique du sport américain. Il sera sacré champion du monde de vitesse à Montréal le 10 août 1899, mais ne pourra jamais défendre son titre, refusant obstinément de s'exhiber le dimanche, jour du Seigneur.

Le déclin du cyclisme sur piste fut à l'image de son succès : rapide et imprévisible. Dès 1905, le *Washington Post* nota une baisse sensible des ventes de bicyclettes. Les gros industriels (Vanderbilt, Morgan, Stuyvesant) cessèrent d'investir dans ce secteur et se tournèrent vers l'automobile. Les vélodromes eux-mêmes furent transformés en arènes de boxe.

Le «major» Taylor (ci-dessous) fut le deuxième athlète noir, après le boxeur «Jack» Johnson, à être sacré champion du monde. Il n'en terminera pas moins ses jours dans la salle commune du Cook County Hospital de Chicago.

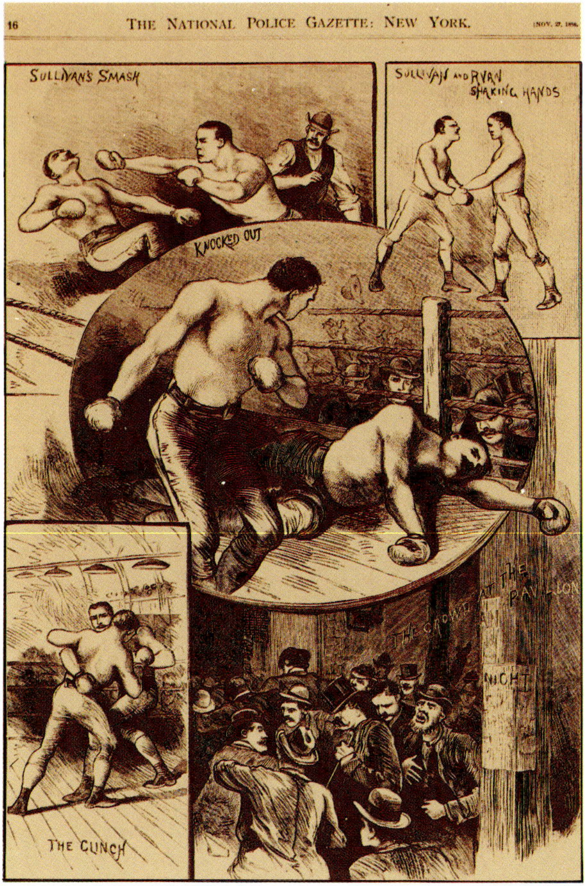


John L. Sullivan (1858-1918) fut un authentique athlète. Sa carrière dut beaucoup à Richard Kyle Fox, propriétaire de la *National Police Gazette,* premier journal sportif à grand tirage. Sullivan fut l'ultime champion du monde à boxer avec ses poings nus ou avec des gants non rembourrés, comme lors de son match contre Ryan dont rend compte la *National Police Gazette* du 27 novembre 1886.

## John L. Sullivan est le premier boxeur moderne. Il est surtout le premier héros américain

Né à Roxbury, dans le Massachusetts, le 15 octobre 1858, John L. Sullivan s'est forgé une réputation de mauvais garçon dès sa plus tendre enfance. Bien avant qu'il ne devienne un boxeur de renom, ses proches s'étaient habitués à ses mauvaises manières. Si on en croit certains témoignages, la moindre broutille était capable de déclencher la colère du fauve. Comme le stipulait le règlement d'alors, Sullivan se battait à poings nus, aussi bien sur un ring qu'ailleurs.

A l'issue d'une série de combats livrés à Cincinnati, Chicago, Philadelphie et New York, le «Boston Strong Boy» fut consacré héros national. Aux yeux de ses admirateurs, il incarnait mieux que quiconque la gouaille, la malice et surtout la soif de revanche qui tenaillaient la plupart des émigrés débarqués sans le sou sur le sol américain. Ce goût de l'exploit vécu par procuration était un phénomène tout à fait inédit à l'époque.

Premier véritable héros américain, Sullivan conforta davantage l'idée d'identité nationale que bien des décisions politiques ou économiques. Un beau jour de 1883, plus de treize mille spectateurs vinrent applaudir la bête curieuse sous la voûte du tout nouveau Madison Square Garden de New York. Sollicités à leur tour, les meilleurs pugilistes anglais ou français ne parvinrent pas à relever le défi.

A trente et un ans, après plus de deux heures de lutte, il réussit encore à laminer Jack Kilrain, son cadet de dix ans. Il faudra attendre l'entrée en vigueur des règlements édictés par le marquis de Queensbury et l'obligation faite aux boxeurs de porter des gants pour que le mythe Sullivan vacille enfin.

Face à James Corbett, à La Nouvelle-Orléans en 1892, le «Great John» est contraint de passer la main. «J'ai combattu une fois de trop, mais je suis heureux d'avoir perdu face à un Américain, qui plus est un Américain d'origine irlandaise.» L'honneur est sauf. Les vertes prairies ont trouvé un nouvel ambassadeur, capable de propager aux confins du pays l'image du pionnier aux muscles d'airain et au cœur d'or.

Egaré dans un cirque, puis derrière un comptoir de bar, Sullivan (ci-dessus) achèvera son étonnant parcours dans un total dénuement à Abington (Massachusetts), à quelques kilomètres seulement de son lieu de naissance.

## Le sport à la conquête des plaines du Far West

A mesure qu'il gagna du terrain en direction de la côte Pacifique, le sport américain gagna en popularité. Même les situations les plus précaires n'empêchèrent pas l'organisation de compétitions souvent très spectaculaires. La qualité de la mise en scène de ces divers rendez-vous devint d'ailleurs essentielle à leur succès. Volontiers hâbleurs et exubérants, les colons n'appréciaient rien plus que les challenges hauts en couleur, les courses de marathon ou les matchs grandiloquents. Dans un tel contexte, la boxe jouissait d'une aura particulière. Au point de provoquer parfois des scènes d'hystérie. Témoin cette tribune qui, en 1861 à Denver, se déroba sous les pieds des deux mille spectateurs venus soutenir, pendant cent deux rounds (!), John C. Orem, finalement victorieux de l'Anglais Enoch Davis.

Ce sont des problèmes de sécurité et des tracasseries administratives qui incitèrent les organisateurs du match Corbett-Fitzsimmons à fuir tour à tour le Texas et l'Arkansas avant d'échouer à Carson City, dans le Nevada. Un match d'anthologie qui, souligne la *National Police Gazette* du mois de janvier 1897, attira tout ce que la région comptait «de joueurs, de reporters, de pauvres diables, de gredins et de prostituées de toute sorte».

## Buffalo Bill, premier roi du sport spectacle

C'est une faune à peine plus relevée qui assura, à la même époque, le succès du Buffalo Bill Cody's Wild West Show. En proposant, sous un chapiteau itinérant, le menu de ses aventures passées, le célèbre chasseur ne faisait qu'exploiter le goût de ses concitoyens pour la compétition. Lui, qui, à l'orée de sa carrière, avait élevé au rang d'exploit l'extermination de quatre mille huit cent soixante-deux bisons, n'eut aucun mal à s'attirer une clientèle fidèle. Heureuse, en particulier, de goûter toute une série d'attractions sportives (épreuves de saut en hauteur, séances de tir, acrobaties équestres, football à cheval, etc.), en marge de ses tableaux de chasse habituels.

Durant près de trente ans, William Frederick Cody, alias Buffalo Bill (1846-1917), a animé des centaines de spectacles (à droite) essentiellement aux Etats-Unis mais aussi en Europe, où il dirigea une importante tournée entre 1903 et 1906.

Le premier «cow-boy tournament» doté de prix en espèces eut lieu à Pecos (Texas) en 1883. Plus tard, ce type de compétition se généralisa sous le nom de rodéo.

Parfaitement au fait des goûts du public, Buffalo Bill avait compris dès le 17 mai 1883 – date de sa première apparition en public à Omaha, dans le Nebraska – que le sport et le spectacle étaient des cousins peu éloignés et que leur éventuelle collaboration avait de bonnes raisons d'être fructueuse.

Après lui, d'autres entrepreneurs s'engouffrèrent dans la brèche, avec l'idée de tirer parti de deux éléments majeurs de la vie des pionniers : les armes à feu et les chevaux. Dès 1836, Samuel Colt avait donné le goût de la performance aux utilisateurs de son fameux revolver. Des associations et des compétitions virent aussitôt le jour. Parmi les meilleures gâchettes du pays, A. H. Bogardus et Ira Paine furent de loin les plus populaires. En janvier 1876, le premier battit le second, quatre-vingt-sept oiseaux à quatre-vingt-six!

Parallèlement, les rodéos, qui drainaient une population également à la recherche de sensations fortes, se généralisèrent dans l'ouest et le sud du pays.

## Le football s'y prend à deux fois avant de s'imposer

C'était plutôt la force et la violence qui étaient à l'ordre du jour sur les terrains de football. Succédané des jeux de balle «au pied» ou de balle «aux mains» pratiqués en Angleterre depuis près d'un siècle, la version américaine du plus international des sports fut proposée une première fois le 6 novembre 1869. A 15 heures précises, sous un ciel menaçant, devant une centaine de témoins tout au plus, les équipes universitaires de Rutgers et de Princeton se livrèrent à un exercice que l'on considéra longtemps comme le premier du genre. Les capitaines des deux formations (un futur juriste et un futur clergyman) firent de leur mieux pour affranchir leurs

Walter Camp (ci-dessus), a beaucoup fait pour la popularité du football. C'est lui qui institutionnalisa l'usage des lignes – «scrimmage» – qui permettent, sur la pelouse, de matérialiser le gain ou la perte de terrain des deux équipes.

coéquipiers respectifs : eux-mêmes s'étaient entendus sur la marche à suivre quelques heures avant le match seulement !

Ce haut degré d'improvisation obligea certains historiens à fixer une deuxième date de naissance du football américain. En 1874 cette fois, les universités de Harvard et de McGill furent, semble-t-il, plus soucieuses des règlements et plus à cheval sur les principes. Quatre années encore et la comptabilité des points de ce sport éminemment viril (à défaut d'être organisé) fut enfin mise en place par un étudiant de Yale : en effet, plus visionnaire que la moyenne, Walter Camp avait senti la nécessité d'adoucir les mœurs du football tout en conservant l'esprit du jeu. En 1878, il propose plusieurs aménagements dans ce sens, dont la passe en avant. Ses pairs sont convaincus de l'urgence de son intervention : au cours des cinq années précédentes, cinquante athlètes avaient trouvé la mort sur les terrains de football.

Très désordonné, volontiers anarchique, le jeu de football gagna en clarté au début des années 1870. A la même époque, le nombre de joueurs par équipe passa de 15 à 11.

## Le base-ball, à l'image de tous les autres sports, s'organise

Même implanté sur l'ensemble du territoire et adopté par toutes les couches de la population, le sport américain – à l'image du football, mal organisé – repose, en cette fin de XIXe siècle, sur des bases encore fragiles. Conscients du problème, les dirigeants et les organisateurs de la plupart des loisirs alors en usage s'efforcent de structurer leurs disciplines respectives. Les principales fédérations américaines naissent presque simultanément : l'Intercollege Football Association en 1876, l'US Lawn Tennis Association en 1881, l'Américan Hockey Association en 1887, l'US Golf Association en 1894, etc.

Mieux, les responsables du plus populaire des sports – l'inévitable et indispensable base-ball, désormais élevé au rang de passe-temps national – trouvent, à ce moment-là, un terrain d'entente. Loin des querelles de clocher et des luttes d'influence, les équipes se fédèrent. Quatre-vingt-onze formations sont recensées en 1865, deux cent trente-sept en 1867 !

Parallèlement à sa vocation universitaire, le base-ball fut surtout un sport corporatiste qui regroupait, le temps d'un match, des ouvriers ou des artisans d'une même entreprise (ici un club de cheminots en 1889).

Le Cincinnati Baseball Club ne fut pas le dernier à imposer l'idée d'un sport enfin mature. Nés dans un cabinet d'avocats, les Red Stockings apportèrent quantité d'innovations qui firent très vite école. D'emblée, ils embrassèrent le statut professionnel avec tous les émoluments et les encadrements que cela implique. Harry et George Wright, les patrons, étaient à ce point attachés à l'image de leur équipe qu'ils contactèrent une certaine Zona Bertram afin qu'elle confectionnât un uniforme, depuis adopté, à quelques couleurs et variantes près, par tous les base-balleurs de la planète.

Dès leur première saison en 1869, les Cincinnati Red Stockings (ci-dessus) furent imbattables. Entre mai et novembre, au terme d'une interminable tournée, ils remportèrent soixante-six matchs. Leur retour à Cincinnati provoqua presque une émeute.

Cette mise en scène se révéla payante. A l'issue de leurs deux premières saisons officielles, en 1869 et 1870, les Red Stockings restèrent invaincus. A Philadelphie, Washington, Baltimore ou Columbus, ils ne rencontrèrent aucun adversaire à leur hauteur. Une domination qui ne fit qu'imposer un peu plus la nécessité de mettre au point un championnat réellement national, capable de réunir, selon des critères stricts, l'ensemble des équipes de haut niveau du pays.

Le 2 février 1876, dans les salons du Grand Central Hotel de New York, une demi-douzaine de notables jetèrent les bases de l'American Baseball League appelée à devenir sans tarder la plus puissante institution sportive des Etats-Unis.

A la première ligue professionnelle de base-ball – la National Association of Baseball Players –, née en 1860, succéderont quantité d'autres ligues, dont deux, l'American League et la National League, survivent aujourd'hui.

## Albert G. Spalding, premier roi du «sport business»

Cette montée en puissance du base-ball a touché tous les secteurs de la vie américaine. Et notamment le secteur industriel. Albert G. Spalding fut l'un des tout premiers à tirer parti de cet engouement. D'abord joueur de base-ball à Rockford et à Boston, manager puis entraîneur à Chicago, il a ouvert sa première boutique d'équipement en 1876. L'initiative tombait sous le sens : l'apparition des chaussures à pointes en 1868, celle des gants et des casques de protection entre 1870 et 1875 impliquaient une production en série immédiate.

En marge de son centre de distribution, Spalding met sur pied une fabrique spécialisée dans l'équipement de base-ball. Les dirigeants de la League – dont il fait partie, soit dit en passant – le nomment aussitôt fournisseur officiel. Le coup d'envoi de la première «success story» du sport business américain est donné. Non content d'imposer la «Spalding official ball league» à toutes les équipes professionnelles et à la plupart des collèges, le jeune chef d'entreprise s'intéresse à d'autres sports.

Pour asseoir sa crédibilité, il écrit plusieurs manuels pratiques et organise des tournées de propagande à travers le pays ainsi qu'à l'étranger. Spalding est responsable de l'implantation du base-ball à Cuba et au Japon, par exemple. Son succès est tel que les plus hauts responsables du pays le bombardent directeur du département américain à l'Exposition universelle de 1900, à Paris. Signe des temps : à mesure qu'il change de siècle, le sport américain change de registre. Il n'est plus seulement un divertissement, ni même un spectacle, il est devenu une activité économique à part entière.

Albert G. Spalding (ci-dessous) fut un base-balleur moyen avant de devenir l'un des plus puissants entrepreneurs dans le domaine du sport. De nos jours, Spalding Co. supporte la concurrence avec les plus grands comme Adidas ou Nike.

Si Theodore Roosevelt s'intéresse au sport, il ne supporte pas de le voir prendre de mauvaises habitudes. En octobre 1905, il convoque à la Maison Blanche les représentants des universités de Harvard, Yale et Princeton. La publication dans le «Chicago Tribune» d'une enquête faisant état de la mort de soixante-treize footballeurs au cours des dix dernières années ajoute à sa colère. Le président tape sur la table. Il clame son indignation et demande des réformes.

CHAPITRE III

# INDUSTRIELS ET TECHNOCRATES SUR LE TERRAIN

Grand amateur de sport, Theodore Roosevelt avait fait installer une salle de boxe à la Maison Blanche.

L'American Football Rules Committee – mis sur pied pour l'occasion – proposa une nouvelle réglementation. L'urgence commandait d'humaniser un sport où les contacts étaient trop violents et les joueurs trop peu protégés. Doyen des entraîneurs, Walter Camp reformula sa suggestion, faite quelque trente ans auparavant, d'autoriser la passe en avant : ce subterfuge avait l'avantage d'aérer le jeu et d'augmenter son degré d'improvisation.

Aux tenues matelassées utilisées alors, vinrent petit à petit s'ajouter d'autres attributs vestimentaires (casque de cuir, genouillères, etc.) qui limitèrent les traumatismes, à défaut de les supprimer tous. Plutôt que d'encourager aveuglément la virilité d'un sport encore confidentiel, les entraîneurs insistèrent sur son caractère stratégique. Entre 1905 et 1910, ce changement de point de vue prit des allures de révolution culturelle : le football rompait une fois pour toutes avec son passé.

Affolée par les horreurs perpétrées quelques années plus tôt, l'université de Columbia avait, avant d'autres, banni la pratique du football. Les réformes en cours et surtout l'état d'esprit des nouveaux codificateurs firent revenir ses responsables sur leur décision. Au fil des saisons, les arbitres gagnèrent en respectabilité et les joueurs réfrénèrent leurs instincts belliqueux. Le football n'était plus montré du doigt. Il gagnait enfin à être connu.

Afin de lutter contre la violence, les footballeurs ne trouvèrent d'autre possibilité que celle de multiplier les tenues de protection (casque et protège-nez en cuir bouilli). Un palliatif qui se révéla malgré tout insuffisant.

Grâce à la nouvelle réglementation mise au point par Walter Camp, le doyen et le plus respecté des entraîneurs, le football devint convenable même dans les *high schools*. Il entra dans les programmes éducatifs et devint un instrument pédagogique recommandé. La trentaine de livres techniques que Camp consacra à ce sport participa pour une bonne part à cette reconnaissance.

## Le succès du sport impose la construction de stades toujours plus gigantesques

Les organisateurs de spectacles ne furent pas longs à tirer les conséquences de ce nouvel engouement. Rarement en association avec les collectivités locales, mais souvent en étroite collaboration avec des investisseurs privés, ils encouragèrent la construction de stades, chaque jour plus imposants et plus sophistiqués. Le 14 novembre 1903, le Harvard Stadium, d'une capacité de trente mille spectateurs, fut inauguré. Depuis la tour Eiffel, on n'avait pas vu structure métallique aussi importante. Durant les deux ou trois années qui suivirent, quantité de ces «cathédrales» sportives s'érigèrent sur les campus et dans les grands centres urbains. Le fameux Fenway Park de Boston (vingt-sept mille spectateurs) fut achevé en 1912 et le Yale Bowl (quatre-vingt mille spectateurs) en 1914. Le sport n'est pas encore un phénomène de masse, mais il suscite néanmoins de plus en plus d'intérêt. En délimitant clairement à la chaux les zones de jeu sur les pelouses ou en généralisant les uniformes de couleur, les organisateurs ne firent d'ailleurs qu'ajouter à la lisibilité des spectacles proposés.

Inauguré en 1912 à l'occasion d'un match de base-ball qui opposa les Boston Red Sox aux New York Highlanders, le Fenway Park, aujourd'hui lieu mythique, se révéla vite trop exigu.

Partout, des pistes, des hippodromes, des piscines furent construits, dans le dessein d'améliorer tout à la fois les conditions de jeu des pratiquants et le confort des spectateurs. Au même titre que toutes les autres installations sportives, les terrains de golf proliférèrent durant la même période. On comptait cinquante «18 trous» en 1895, on en recensait mille quarante en 1900!

## Les courses automobiles remplacent les courses cyclistes dans le cœur des industriels

Sport et industrie automobiles ont toujours fait bon ménage aux Etats-Unis. Dès 1895, le *Times Herald* organisa un rallye de 52 miles, réunissant six voitures le long du lac Michigan. Deux seulement parvinrent à rallier l'arrivée. La plus rapide, une Duryea, couvrit la distance à la moyenne horaire de 6,6 miles. Prévoyant le succès populaire de telles manifestations et plus encore leur caractère promotionnel, les plus grosses fortunes du pays servirent activement les intérêts des firmes étrangères pressées de conquérir de nouveaux marchés.

William K. Vanderbilt Jr., vainqueur d'une course à Long Island en 1904, devint l'interlocuteur privilégié de plusieurs industriels européens. La Vanderbilt Cup Race, qu'il remit en jeu jusqu'en 1910, attira une

Introduit en Nouvelle-Angleterre au début du XX$^{e}$ siècle, le golf s'expatria petit à petit vers le sud. D'abord en Caroline du Nord et en Géorgie, où les membres de la «gentry» de New York, Philadelphie ou Boston firent construire (par des Ecossais) quelque-uns des plus beaux parcours du monde. Toujours à la recherche de conditions climatiques favorables, les adeptes de ce sport-loisir poursuivirent leur route jusqu'en Floride.

foule chaque année plus nombreuse et une représentation internationale toujours plus relevée. Il fallut attendre 1908 pour qu'une voiture entièrement fabriquée aux Etats-Unis – la «Locomobile» – remporte enfin l'épreuve.

Un an plus tard, un certain Carl Fisher commanda la construction d'un anneau de vitesse à Indianapolis, appelé à devenir, en l'espace de quelques saisons seulement, le point de passage obligé de tout ce que le sport automobile américain comptera de pilotes, de mécaniciens et d'ingénieurs de talent. Epousant un ovale parfait, longue de quatre kilomètres, la piste était à l'origine constituée de trois millions de briques. Elle ne fut recouverte de goudron qu'en 1930 et de béton qu'au tout début des années soixante.

Les fameux 500 Miles y ont été organisés pour la première fois en 1911. Depuis, trois cent mille à trois cent cinquante mille spectateurs assurent, chaque année, le succès d'une épreuve où les accidents ne sont pas exceptionnels. Les Français Goux (avec Peugeot) en 1913 et Thomas (avec Delage) en 1914 furent parmi les rares étrangers qui s'y distinguèrent.

Ray Harroun remporta les premiers 500 Miles du circuit d'Indianapolis (à gauche) le 30 mai 1911 en 6 h 42 min 8 s, à la moyenne de 74,59 km/h. Dès l'année suivante (victoire de Joe Dawson), ce temps fut amélioré d'une bonne vingtaine de minutes. Les bolides des temps modernes ont poussé la surenchère jusqu'à atteindre des moyennes de 340 km/h. Rares furent les pilotes non américains qui réussirent à s'adapter aux exigences de ce circuit. Les Anglais Jim Clark (1964) et Graham Hill (1965) sont de ceux-là.

La popularité du base-ball n'épargna aucune catégorie d'âge. Pour les plus jeunes, le «softball» (balles plus grosses, battes plus courtes) devint un excellent moyen d'initiation.

## L'université accorde au sport une place privilégiée

Les émigrants débarqués sur le sol américain eurent l'intelligence de comprendre que le courage, la force et la volonté ne suffisaient pas à assurer l'avenir d'une nation. Du coup, ils avaient favorisé la mise en place d'un système éducatif sans faille chargé de former les futurs cadres de la nation. L'initiative avait été menée avec tant d'application et de zèle que les étudiants américains avaient bénéficié rapidement d'une infrastructure plus efficace que celles jamais mises en place sur le Vieux Continent.

En 1880, alors que les universités anglaises étaient surpeuplées et inadaptées, le seul Etat de l'Ohio disposait de trente-sept collèges d'enseignement supérieur. En 1904, deux cent cinquante mille jeunes Américains fréquentaient l'université, dix fois plus qu'en France et en Allemagne réunies!

Plutôt que de réfréner la pratique du sport, jugée en d'autres lieux incompatible avec les exercices intellectuels, les responsables des meilleures écoles luttèrent contre toute forme de discrimination. Mieux, ils utilisèrent l'argument du sport pour donner à leur établissement un esprit de corps et pour vanter les mérites de leur enseignement vis-à-vis de la

HARVARD
LAMPOON
OUT
TODAY

concurrence. Autour d'un collège ou d'une université c'était toute une communauté qui, dès l'origine, se mobilisait.

En 1903, Harvard n'accueillait que cinq mille étudiants mais disposait déjà d'un stade de trente mille places. Au tout début du XX^e^ siècle, une véritable «sports craze» (folie du sport) s'empara de tous les campus. On y pratiquait indifféremment le base-ball, le football, l'aviron ou l'athlétisme. Chaque confrontation entre collèges ou universités faisait l'objet d'une mise en scène très étudiée. Les maillots de couleur, les fanfares, les supporters, les mascottes firent leur apparition et assurèrent le succès de spectacles de plus en plus nombreux.

Lorsque les étudiants du New York Athletic Club rencontrèrent pour la première fois leurs homologues du London Athletic Club, le 21 septembre 1895, les Américains dominèrent les débats haut la main. Lors des I^ers^ Jeux olympiques organisés en Grèce en 1896, les étudiants de Princeton et de Harvard, qui composaient l'essentiel de la délégation américaine, ne rencontrèrent que peu de résistance. En 1904, à Saint Louis, à l'occasion des III^es^ Jeux olympiques, les «intellectuels» américains remportèrent vingt-trois des vingt-cinq épreuves d'athlétisme et enlevèrent toutes les médailles mises en jeu – or, argent et bronze – en lutte, cyclisme, boxe, tir à l'arc et gymnastique!

Raymond Ewry (ci-dessus) fut l'un des premiers héros des Jeux olympiques modernes. En 1900, 1904 et 1908, il remporta huit médailles d'or. Ancien poliomyélitique, surnommé l'Homme caoutchouc, il s'était fait une spécialité d'épreuves (les sauts en hauteur et en longueur sans élan) depuis longtemps rayées du programme des Jeux. Etudiant, il appartenait à l'élite sportive du pays comme ses collègues de Harvard ou de Princeton.

## Basket-ball, volley-ball et hockey sur glace s'imposent en moins de cinq ans

Le système éducatif américain était à ce point favorable aux initiatives sportives de toutes sortes qu'il fut à l'origine de trois nouvelles activités en l'espace de cinq ans. Entre 1891 et 1895, le basket-ball, le hockey sur glace et le volley-ball offrirent aux collèges et aux universités trois nouvelles raisons de remettre en jeu leur réputation. Même si la mise en place de ces sports fut parfois laborieuse, ils s'imposèrent d'autant mieux dans les établissements de petite ou de moyenne importance qu'ils réclamaient une intendance plus légère que le football ou le base-ball.

Désireux d'occuper ses ouailles durant l'hiver, le professeur James Naismith donna naissance au basket-ball presque par hasard. A défaut de pouvoir populariser une version en salle («indoor») du lacrosse ou du football, il imagina un jeu hybride où les contacts étaient proscrits et où l'adresse jouait un rôle primordial.

Désespérant de trouver une activité en salle pour les étudiants dont il avait la charge, James Naismith tenta, dans un premier temps, d'adapter les règles du lacrosse. La violence des contacts l'incita à imaginer un sport radicalement nouveau où les contacts seraient précisément prohibés. Les femmes, jusque-là laissées-pour-compte, ne furent pas les dernières à apprécier les vertus d'une telle initiative.

L'intendant de la Young Men's Christian Association (YMCA, groupement d'auberges de jeunesse) de Springfield, où il exerçait ses talents d'éducateur, lui suggérant d'utiliser deux paniers de pêche en guise de buts, il intitula «basket-ball» une invention tour à tour baptisée «new game», «Springfield game», «triangle game» et enfin «Naismith ball». Le premier règlement de ce sport en salle fut rédigé en janvier 1892. Quatre ans plus tard, les écoles de Genova, d'Iowa, de Yale, de Stanford, entre autres, l'inscrivirent à leur programme éducatif.

Pratiqué depuis plusieurs générations au Canada, le hockey sur glace franchit la frontière américaine à la même époque. Ses principaux promoteurs furent, là encore, des étudiants. En 1893, un premier match opposa l'université de Yale à celle de John Hopkins.

Le volley-ball, quant à lui, fut mis au point en 1895 par William G. Morgan, professeur de gymnastique de la YMCA de Holyoke, dans le Massachusetts. D'abord considéré comme un simple exercice pédagogique, il ne connut un réel succès qu'au lendemain de la Première Guerre mondiale.

James Naismith (ci-dessus) se persuada définitivement de l'intérêt de son invention en 1936, lorsque le basket-ball fut inclus au programme des Jeux olympiques.

## Les sportifs noirs ont toutes les peines du monde à imposer leurs talents

A la fin du XIXe siècle, les Noirs vivaient en marge de la société américaine. Ils étaient exclus du système éducatif et seuls quelques enfants de «bonnes familles», dans le nord du pays, étaient admis dans les équipes de football ou de base-ball. Les Noirs se regroupaient au sein de clubs spécifiques et sur des terrains momentanément libérés par les Blancs. Dans certains hôtels, les employés de couleur se réunissaient au hasard de leur emploi du temps. Les ouvriers noirs de telle ou telle entreprise profitaient des équipements mis à leur disposition uniquement pendant les heures laissées libres par les Blancs.

Curieusement, les propriétaires de chevaux ne virent d'abord aucun inconvénient à ce que des jockeys noirs défendent leur écurie. Au début des années quatre-vingt-dix, Isaac Murphy avait même suscité quelque admiration de la part d'un milieu volontiers rétrograde. En fin de carrière, ce petit bonhomme aux allures d'adolescent était devenu suffisamment riche pour acheter ses propres chevaux. Mais son expérience ne fut pas suivie d'effet pour autant. S'il mourut en 1896 dans l'opulence, Murphy ne fut jamais en position de bouleverser l'ordre des choses. Ses succès, comme ceux de ses quelques imitateurs (William L. Simms ou Jim Winkfield), ne provoquèrent aucune réaction notable. En 1902, date de l'ultime succès d'un jockey de couleur dans le Kentucky Derby, la mode des cavaliers noirs ne faisait déjà plus recette.

Au tournant du siècle, la révélation d'un sportif de couleur relevait du hasard pur et simple. Les destins exceptionnels de Marshall Walter Taylor, sacré champion du monde cycliste à vingt ans, ou de Moses Fleetwood Walker, base-balleur vedette de l'équipe de Toledo durant une décennie, ne furent pas représentatifs d'une époque où la ségrégation battait son plein.

Rejetés et déconsidérés, les Noirs n'avaient guère la possibilité de comparer leurs talents à ceux des Blancs. Ils n'avaient pas d'autre choix que celui de

A défaut d'être reconnus par les ligues dominantes, les Noirs durent créer leurs propres championnats et équipes (ici les Detroit Stars en 1920). Au début du siècle, les Cuban Giants et les Mohawk Giants faisaient les beaux jours des ligues «de couleur».

se replier sur eux-mêmes et d'organiser leurs propres ligues ou championnats. Jusqu'au début des années vingt, les Noirs et tous les autres membres des communautés minoritaires (les Indiens en particulier), furent obligés de pratiquer leurs sports entre eux.

Seul, en définitive, le boxeur «Jack» Johnson eut la chance d'attirer la sympathie de milliers d'Américains, sans distinction de race ou de condition. Un privilège qui lui assura une gloire exceptionnelle, à défaut de lui apporter, aux yeux de tous, une réelle considération.

## «Jack» Johnson devient le premier héros noir, bien malgré lui

En mettant un terme à sa carrière en 1905, James J. Jeffries ne se doutait pas une seconde que la vacance de son titre de champion du monde des poids lourds, dont Tommy Burns avait hérité, favoriserait les desseins d'un boxeur noir, jusque-là parfaitement

La victoire de «Jack» Johnson (1878-1946), célébrée par *Le Petit Journal* du 9 juillet 1910 (ci-dessous), dépassa de beaucoup le strict cadre des Etats-Unis. Ce fut un événement de portée mondiale.

inconnu. Fils d'un pasteur texan, John Arthur (surnommé Jack) Johnson n'éprouva pourtant aucune difficulté à récupérer la couronne. Sa victoire sur Burns provoqua de vives réactions et le public réclama à cor et à cri l'arrivée sur le devant de la scène d'un «big white hope» (un grand espoir blanc) capable de laver cet affront au plus vite.

En l'absence de contradicteurs, James J. Jeffries accepta de revenir sur la scène. Le scénario du premier «match du siècle» était tout trouvé. De spéculations en compromissions, celui-ci fut organisé *in extremis* le 4 juillet 1905 à Reno devant vingt mille spectateurs. Tex Rickard en assura si bien la mise en scène qu'il devint, en l'espace de quelques jours, l'organisateur de combats le plus célèbre du pays. La recette et les bénéfices, respectivement de 270775 et 60000 dollars, ne firent qu'entériner son statut.

Tout autant que ses exploits sur le ring, les soubresauts de la vie privée de Johnson firent les délices des échotiers. Sa première femme le quitta au terme d'un divorce houleux, la deuxième se suicida, la troisième fut arrêtée en sa compagnie pour atteinte à la pudeur. Volontiers exhibitionniste, Johnson menait grand train et le faisait savoir.

Au quinzième round, Jeffries dut mettre un genou à terre. Il ne se releva pas. Mais aussitôt consacré, son vainqueur devint la cible d'une polémique d'envergure nationale, la première du genre. Si les capacités de Johnson n'étaient pas mises en cause, la couleur de sa peau posait problème. Le premier boxeur noir de l'Histoire ne se remettra jamais de sa victoire.

Mal conseillé, mal entouré, privé de son titre en 1915 à La Havane au terme d'un match douteux, accusé d'atteinte à la pudeur, déchu de ses droits civiques, emprisonné, marié puis divorcé à trois reprises – et, comble de l'irrespect, toujours avec des femmes blanches! – le héros d'un jour finira ses jours dans un cirque. A défaut d'un modèle, la cause noire avait gagné un martyr.

## Les femmes, jusque-là très discrètes, se piquent enfin au jeu

Reléguées depuis toujours dans le rôle de spectatrices, les sportives américaines ont hésité avant d'emboîter le pas à leurs compagnons. Il est vrai que le puritanisme ambiant ne favorisait guère les initiatives. Longtemps engoncées dans leurs corsets et leurs multiples jupons, même les femmes les plus téméraires ne pouvaient s'adonner ouvertement aux exercices physiques quels qu'ils fussent. Il a fallu attendre 1870 et la diffusion à grande échelle du croquet pour que les épouses et les mères consacrent au sport une partie de leur maigre temps de loisir.

Directement importé d'Angleterre, ce jeu de plein air connut, jusqu'en 1910, un formidable succès auprès des femmes. Au plus fort de la «folie croquet», la plupart des maisons d'habitation disposaient d'un terrain spécialement étudié et entretenu. Le Park Place Croquet Club of Brooklyn, créé en 1864, avait été le premier club spécialisé à voir le jour aux Etats-Unis, mais au début du XXe siècle de semblables associations se comptaient par milliers dans le pays. Conformément aux règlements mis au point en 1882 lors de la convention de Norwich, dans le Connecticut, les Américaines ont toujours pratiqué le croquet avec beaucoup de sérieux. C'est avec une semblable conviction que les plus téméraires, revêtues de «troussettes», enfourchèrent leur première bicyclette ou s'initièrent au golf et au tennis à partir de 1900.

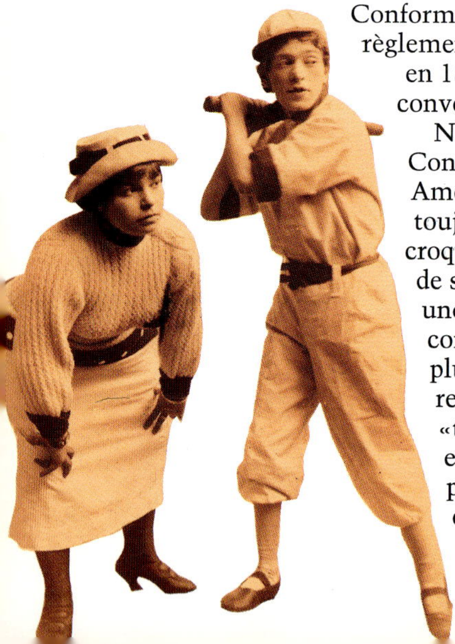

Après les enfants, les femmes (à gauche) découvrent les joies du softball, version «allégée» du base-ball qui compte aujourd'hui des millions d'adeptes.

## Grâce au tennis et au golf, la notion de loisir s'impose lentement

C'est une femme qui introduisit le tennis aux Etats-Unis. Partie en vacances aux Bermudes en 1874, Mary E. Outerbridge fut séduite par une activité de plein air récemment importée d'Angleterre. De retour au pays, elle offrit deux raquettes et un filet aux membres du Staten Island Cricket and Baseball Ground. Il n'en fallut pas davantage pour donner le goût de ce loisir aux familles bien nées de New York, Boston ou Philadelphie.

Le croquet fit son apparition dès 1852. En 1866, un membre du Newport Croquet Club, auteur d'un opuscule sur le sujet, constate que ce jeu «n'est pas trop violent pour satisfaire une jeune fille et pas trop ennuyeux pour intéresser un jeune homme».

## Tennis pour tous

Introduit aux Etats-Unis en 1874, le tennis fut d'abord une activité mondaine. Le premier tournoi officiel se déroula d'ailleurs dans une propriété privée, dans le Massachusetts. Rapidement ce nouveau sport gagna en popularité. A Newport (Rhode Island) ou, comme ci-dessous, à Franklin Park (Massachusetts), des tournois furent mis sur pied. En 1880, un tournoi organisé au Staten Island Cricket and Baseball Club de New York réunit plusieurs centaines de participants.

La US Lawn Tennis Association, née en 1881, fit beaucoup pour la propagation du jeu à travers le pays. La naissance de la Coupe Davis, première compétition internationale, imaginée en 1900 par Dwight W. Davis, étudiant à Harvard, ne fit qu'accélérer le mouvement.

**Le golf, loisir par excellence**

Compte tenu de l'infrastructure qu'il requiert, le golf connut un démarrage plus lent que le tennis. Theodore Havemeyer, roi du sucre, fut l'un des tout premiers, en 1884, à se lancer dans la construction d'un parcours digne de ce nom, à Newport (Rhode Island). Longtemps, les Américains furent tributaires des Britanniques en matière de construction mais aussi de technique.

En 1900, l'United States Golf Association reconnaissait 103 clubs, pour la plupart cantonnés sur la côte est des Etats-Unis. On comptait 350000 golfeurs à travers le pays en 1913. Et deux millions en 1923 ! Dès 1892, le Shinnecock Hills Golf Club (New York), imaginé par l'Ecossais Willie Dunn avait institué une liste d'attente, faute de pouvoir satisfaire la demande.

L'enthousiasme fut d'autant plus spontané que le tennis ne réclamait apparemment aucune prédisposition particulière de la part de ses nouveaux adeptes. De la même façon, le golf gagna rapidement les couches les moins favorisées de la population, depuis peu confrontées à une notion jusque-là inédite : le loisir. En découvrant lui-même les joies du golf, le président William Howard Taft ne fit qu'accentuer le mouvement à partir de 1909. Si on en croit le *New York Times,* son seul exemple multiplia par deux le nombre des pratiquants «comme par enchantement».

## Le scandale des «Black» Sox jette le trouble dans les esprits

Entre 1900 et 1920, le sport américain changea totalement de visage. En même temps qu'il célébrait ses premières stars et construisait ses premiers stades, il goûta aussi son premier scandale d'envergure. La violence faisait certes partie du décor et les boxeurs ou footballeurs n'étaient pas tous des anges, mais jamais, avant le 24 septembre 1919, le mal n'était parvenu à remettre en cause les fondements mêmes d'une activité sociale désormais indispensable.

Lorsque éclata le scandale des «Black» Sox, fatal à huit base-balleurs de Chicago accusés de corruption, (ils avaient touché de l'argent pour faire perdre leur équipe), l'opinion américaine comprit que le sport national par excellence, le plus populaire d'entre tous, était lui aussi capable de verser du mauvais côté. Les coupables en furent pour leurs frais. Bannis des stades à vie, ils vécurent pour toujours en marge de la société. La sentence, même exemplaire, ne pourra malheureusement pas dissuader les tricheurs, et encore moins rendre au sport dans son ensemble l'innocence qui, jusque-là, avait assuré l'essentiel de sa crédibilité.

Coupables d'avoir truqué les World Series 1919, les White Sox de Chicago furent surnommés «Black» Sox.

E

Le 2 juillet 1921, au petit matin, une foule colorée et joyeuse prend d'assaut les quatre-vingt mille places d'un stade de bois improvisé à Jersey City, dans l'Etat du New Jersey. Les conditions de visibilité sont médiocres. Nombreux sont ceux qui devinent, plus qu'ils n'apprécient, la victoire de Jack Dempsey sur Georges Carpentier. Un mal pour un bien : la première retransmission radiophonique d'ampleur nationale permet aux absents de vivre l'événement sans le moindre désagrément.

## CHAPITRE IV

# FOOTBALL, BASE-BALL ET ANNÉES FOLLES

Le match Dempsey-Carpentier fut le premier à rapporter à ses organisateurs plus d'un million de dollars, et à provoquer un engouement populaire aussi bien aux Etats-Unis qu'en Europe.

Les radio-reporters furent les premiers à homogénéiser les goûts des Américains en matière de sport. Grâce à eux, les champions – et Babe Ruth (ci-dessous) le premier – devinrent des stars d'envergure nationale et internationale.

La radio et le sport ont célébré leur mariage de raison en novembre 1920. A Dallas, la station WTAW fut la toute première à assurer la diffusion, intermittente, d'une rencontre de football universitaire. Dès lors, les initiatives du même type se multiplièrent. Trop souvent entassés dans des stades mal adaptés, les spectateurs, soudain transformés en auditeurs, découvrirent du jour au lendemain les plaisirs du spectacle sportif à domicile. Même dans les régions les plus reculées, les amateurs de sensations fortes purent enfin partager les émotions que seuls quelques milliers de citadins privilégiés avaient eu, jusque-là, le plaisir de goûter.

La baisse du prix des journaux, l'augmentation des tirages, l'afflux de publicité avaient favorisé la montée en puissance des sports les plus pratiqués aux Etats-Unis. La radio va concentrer sur la tête de quelques stars l'enthousiasme d'une population unanime. On compte plus de dix millions de postes en 1928!

## Babe Ruth devient, en dix ans, la plus grande star du sport américain

En toute logique, le base-ball fut le premier sport à récupérer les dividendes de cette nouvelle prise de participation du public américain. Désormais retransmises à grande échelle, les World Series (l'officiel championnat du monde, disputé pour la première fois en 1903) connurent un regain d'intérêt conséquent. Mais plutôt que de concentrer son attention sur le déroulement des parties, sur le caractère technique ou même esthétique de telle ou telle phase de jeu, l'opinion – aidée en cela par les journaux – s'empressa de tresser des couronnes à quelques joueurs seulement, et à focaliser sur cette poignée d'exceptions l'essentiel de son enthousiasme.

Ce curieux phénomène d'ostracisme et d'identification mêlés ne fut jamais mieux incarné que par Babe Ruth, considéré aujourd'hui encore comme l'athlète le plus populaire de l'histoire du sport américain.

Organisées pour la première fois en 1903, les World Series (cf. la carte souvenir ci-dessus) opposent chaque année le meilleur club de chacune des deux ligues, l'American League et la National League.

**Babe Ruth, roi du base-ball**

Babe Ruth (1895-1948) fut l'un des tout premiers champions dont le nom fut associé à la promotion de produits divers et variés. Ces contrats dépassaient très souvent le simple cadre du base-ball et servaient les intérêts de marques souvent totalement étrangères au jeu.

S'il était un batteur d'exception, Ruth était aussi un lanceur, gaucher, très respecté.

*A Ruth/Gehrig poster announcement*, National Baseball Hall of Fame and Museum, Inc., Cooperstown, New York

Surnommé «The Sultan of Swat» (le Roi de la claque), Ruth accumula quantité de records tout au long de sa carrière. Ses performances souffrent la comparaison avec celles des champions modernes. Entre 1914 et 1935, il accumula 714 «home-runs» (tour de toutes les bases) dont 60 au cours de la seule saison 1927. Il réussit aussi 2873 «hits» (frappe) et marqua 2211 «runs» (parcours entre deux bases). Entre 1915 et 1932, il disputa dix World Series et en gagna sept (1915, 1916, 1918, 1923, 1927, 1928, 1932).

Révélé sous le maillot des Baltimore Orioles, Ruth débuta sa carrière professionnelle sous celui des Boston Red Sox, avant d'être transféré pour 125000 dollars chez les New York Yankees où il disputa la vedette à un autre grand de l'histoire du base-ball : Lou Gehrig.

Ever-Rea
Radio Blades 6 for

Babe Ruth fut traité jusqu'à la fin de sa vie à l'égal d'une star hollywoodienne. Il lança la mode des autographes, toucha des contrats publicitaires faramineux et connut, de son vivant, la consécration grâce à plusieurs livres et films biographiques. Il est mort en 1946 des suites d'un cancer de la gorge.

Le Yankee Stadium, ci-contre, «the house that Ruth built» (la maison que Ruth a construite), fut élevé en l'honneur de la star au début des années 20. Un monument qui symbolisa durant de nombreuses années la prospérité du base-ball des «années folles».

Au même titre que les célébrations du jour de l'An ou de la fête nationale, l'ouverture de la saison de base-ball est l'occasion pour les Américains de commémorer avec pompe et recueillement la suprématie du «national pastime».

Né le 6 février 1895 à Baltimore d'un couple de cabaretiers allemands, Ruth a rempli son rôle de star le plus naturellement du monde. Durant quinze ans (de 1920 à 1935), sa bonhomie, son détachement, sa décontraction assurèrent son succès au moins autant que ses exploits sportifs proprement dits. C'est précisément parce qu'il épousait le profil de monsieur Tout-le-monde, et parce que son tour de taille ne le distinguait pas du tout-venant, qu'il suscita de telles marques de ferveur. Rien, à première vue, ne le différenciait de l'Américain moyen. Héros positif par excellence, Ruth gravit les échelons de la notoriété comme aurait pu le faire n'importe quel autre fils d'émigré. Arrivé au sommet, il sut profiter de la vie – des bons repas et des gros cigares en particulier – avec tant d'appétit qu'il s'attira une nouvelle fois la considération du plus grand nombre.

Sur le terrain, Babe Ruth fit mieux que se distinguer. Sous le maillot des Boston Red Sox puis sous la célèbre tunique zébrée des New York Yankees, il accumula quantité de records aujourd'hui encore montrés en exemple. Son influence fut telle que les responsables de la New York American League se lancèrent en 1923 dans la construction d'un stade ultramoderne de soixante-quatorze mille places, le Yankee Stadium, qui se révéla vite trop exigu pour contenir la foule de ses admirateurs.

Courtisé, adulé, Ruth vivait comme un nabab. Gratifié en 1930 d'un salaire de 80000 dollars, il disposait du plus gros revenu jamais consenti à un citoyen américain, président compris – «Pourquoi pas après tout, faisait-il remarquer, j'ai fait une meilleure saison que lui!» Dans son sillage, et comme par enchantement, d'autres base-balleurs se taillèrent une jolie réputation : Ty Cobb, Cy Young, Eddie Collins ou Lou Gehrig, surnommé l'Homme d'acier, auteur d'une incroyable série de deux mille cent trente matchs disputés sans interruption chez les Yankees entre 1925 et 1939!

Henry Louis Gehrig, ci-contre, (1903-1941) fut, avec Babe Ruth, la grande vedette des années 20. Gros travailleur pour qui rien n'était jamais acquis, il marqua plus particulièrement les années noires de la Grande Dépression. Ses adieux au base-ball en 1939 tournèrent au mélo. Dans le cœur des foules, Gehrig fut remplacé par Joe DiMaggio (ci-dessous). Le play-boy des New York Yankees disputa dix World Series au total.

1883

1903

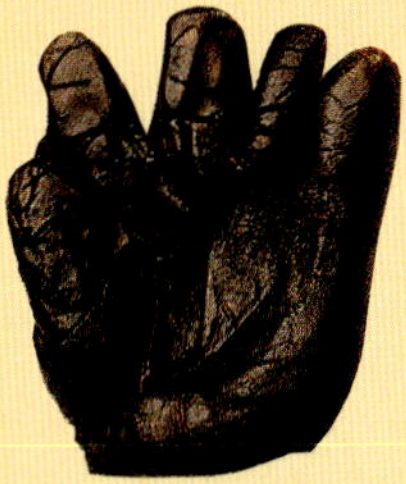

1909

1910

1920

1921

1924

1926

1933

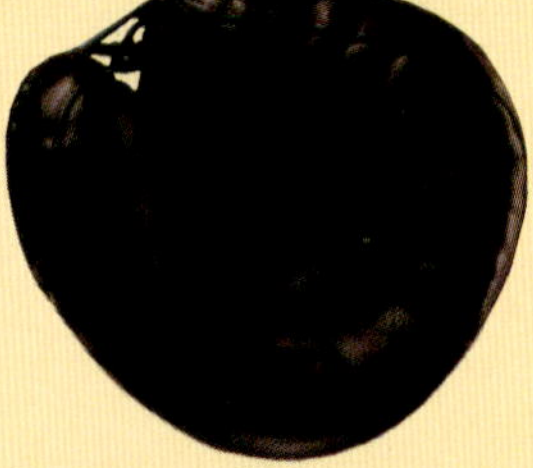

1936

1951

1953

1970

Depuis son intronisation en 1845, le base-ball a certes évolué (à l'image des gants de fielders ou de catchers ci-contre). Il est néanmoins resté fidèle aux règlements d'origine. Seul changement notoire : la spécialisation poste par poste des base-balleurs professionnels. A l'heure actuelle, rares sont les batteurs de très haut niveau qui manifestent le même savoir-faire au poste de lanceur, et inversement. Autre changement, plus anecdotique, même s'il fera encore couler beaucoup d'encre d'ici la fin de ce siècle : le remplacement progressif des battes en bois par des battes en aluminium. D'ici 1992, les «minors leagues» auront consommé ce «sacrilège». Les «major leagues» suivront dans la foulée.

## Le football se structure et s'organise. Il devient enfin adulte et populaire

Contrairement au base-ball, le football n'avait toujours pas obtenu le succès escompté. Les réformes exigées par le président Roosevelt n'avaient pas suffi à laver ce sport de sa mauvaise réputation. Les éducateurs et les mères de famille n'encourageaient guère sa pratique et rares étaient les athlètes qui s'y consacraient en exclusivité. George Halas, plus tard reconnu comme le «père du football moderne», ne fit

Dès le début des années 20, la préparation des équipes de football devint une affaire sérieuse. On vit apparaître divers instruments de «torture», comme cette machine (ci-dessous) chargée d'entraîner les joueurs à pousser les adversaires.

pas exception à la règle qui s'appliqua d'abord au base-ball, avant de rejoindre les rangs des Staley Starchmakers de Decatur, dans l'Illinois.

Ce club, aux structures précaires, était la propriété d'un manufacturier local, A. E. Staley, pour qui le football était un moyen de promotion à bon compte. Davantage attiré par les coulisses de l'organisation que par les réalités du terrain, Halas proposa de seconder son patron et de le mettre en rapport avec d'autres entrepreneurs. Il lui présenta en particulier Ralph Hays, patron d'une concession Hupmobile à Canton, dans l'Ohio, et, comme lui, dirigeant d'une équipe de football : les Canton Bulldogs.

Aux deux hommes, Halas suggéra la création d'une ligue capable de rapprocher, non seulement leurs deux équipes, mais aussi les meilleures formations professionnelles de la région. Préconisée dès le mois d'août 1920, la constitution de la National Football League (NFL) fut entérinée un an plus tard. Treize concessions furent attribuées dont une – les Chicago Bears – est exploitée encore aujourd'hui.

Knute Rockne (ci-dessus), premier entraîneur «psychologique» de l'Histoire, imposa une discipline de fer aux joueurs de l'université de Notre Dame.

La structure mise au point par George Halas eut des conséquences immédiates. Un championnat vit le jour et le sérieux des rencontres fut enfin garanti. Même si les amateurs de football tardèrent à accorder aux matchs professionnels l'attention qu'ils prêtaient aux confrontations étudiantes, ils tombèrent néanmoins sous le charme de quelques individualités dès le milieu des années vingt.

Ils confortèrent, en particulier, dans son statut d'athlète d'exception, Jim Thorpe, plusieurs fois médaillé aux Jeux olympiques de Stockholm en 1912 et que les grands prêtres de l'amateurisme avaient abruptement déchu de ses titres un an plus tard. De l'argent, ce fils d'Indien, fort comme un aurochs, en récupérera plus qu'il n'en faut sous le maillot des Canton Bulldogs. A une époque où les clubs

Surnommés les «Quatre Cavaliers», Jim Crowley, Don Miller, Elmer Layden et Harry Stuhldreher (ci-dessous) furent les principaux artisans de l'invincibilité de la fameuse équipe de football de Notre Dame. Sous la houlette de Knute Rockne, cette formation accumula 105 victoires contre seulement 12 défaites et 5 matchs nuls entre 1918 et 1931.

professionnels avaient beaucoup de difficultés à convaincre les étudiants de rompre avec leurs habitudes, la surenchère était plus que jamais à l'ordre du jour. Par exemple, pour s'attacher les services de Red Grange, le Fantôme galopant, dont l'itinéraire est à peine moins édifiant que celui de Babe Ruth, les responsables des Chicago Bears durent lui garantir 100 000 dollars de revenu annuel.

## Le boxeur Jack Dempsey démontre que le sport peut aussi devenir un moyen de promotion sociale

Les sommes mises en jeu par les organisateurs de spectacles, les salaires distribués aux principales vedettes, les prix accordés aux plus méritants attirèrent plus que jamais les convoitises. Aux yeux des plus défavorisés, le base-ball, le football ou la boxe revêtaient d'autant plus d'intérêt qu'ils favorisaient les rêves les plus fous. Le sport n'était plus seulement un dérivatif, ni même un métier, il devenait aussi un moyen de promotion sociale.

James Francis Thorpe (ci-dessous), consacré «plus grand athlète de tous les temps» par le roi Gustave V de Suède en 1912, est, à ce jour, le seul athlète de par le monde dont le nom a été donné à une ville. Dans le cimetière de Jim Thorpe (Pennsylvanie), une stèle de vingt tonnes rappelle la fameuse phrase du roi Gustave. Il a fallu attendre le 18 janvier 1983 pour que l'on restitue à sa famille ses médailles olympiques jadis confisquées.

D'autant plus exemplaire qu'il encourageait des vertus aussi essentielles que la ténacité, la patience et la bravoure.

Les années folles ne furent pas avares en destins d'exception, mais aucun ne parvint à atteindre la dimension exemplaire de la vie de Jack Dempsey, passé, en l'espace de quelques années seulement, de l'état de jeune délinquant au rang de star internationale.

Né le 24 juin 1895 à Manassa, dans le Colorado, dans un deux pièces où s'entassaient onze enfants, le futur boxeur aux poings d'acier fut obligé de gagner sa vie dès l'âge de dix ans. Tour à tour aboyeur de cirque, menuisier, coursier, il choisit la boxe moins par goût que par défi. Comme deux de ses frères, Jack espérait tout au plus récupérer quelque argent à l'occasion des combats improvisés par des organisateurs souvent peu scrupuleux.

Remarqué par l'inévitable Tex Rickard, Dempsey, capable, disait-on, de supporter toutes les épreuves, accéda au titre de champion du monde en un temps record. Victorieux du Français Georges Carpentier en 1921, il ne trouva aucun adversaire à sa hauteur durant les cinq années qui suivirent. Cette attente ne fit qu'attiser l'intérêt des combats ultérieurs.

Un moment boudé par l'opinion parce qu'il n'avait pas servi sous les armes lors de la Première Guerre mondiale, Jack Dempsey (1895-1983) devint par la suite un boxeur extrêmement populaire. D'origine modeste, il avait un excellent sens du contact et n'hésitait jamais à aller au-devant de ses admirateurs (ci-dessus, avec des prisonniers à Raleigh, Caroline du Nord).

Le manager Tex Rickard (ci-contre, au centre) favorisa le succès et l'épanouissement de Dempsey (à droite). C'est lui qui organisa le fameux match Dempsey-Carpentier (à gauche) en 1921. Durant toute sa carrière Dempsey remporta 69 combats (5 défaites). Il est considéré par tous les spécialistes comme le plus grand boxeur de la première moitié du siècle.

Dempsey et son homologue Tunney eurent le privilège tout à fait inédit de créer la zizanie au sein de l'opinion américaine, aidés en cela par la presse qui joua de leurs antagonismes. En 1926 et 1927, les partisans du «fils du peuple» – Dempsey – et les supporters du «technocrate» – Tunney – se dressèrent les uns contre les autres au gré de débordements souvent imprévisibles.

Lors du premier combat, plus de cent vingt mille spectateurs – record absolu pour un match de boxe – tentèrent vaille que vaille de grappiller quelques miettes du spectacle. Un grand magasin new-yorkais écoula la bagatelle de quatre mille postes de radio à l'occasion du second rendez-vous. Victime d'un arbitrage douteux, Dempsey abandonna finalement son titre et son honneur. La boxe avait perdu un champion mais ajouté un peu plus à sa légende.

## Le succès du sport est à son comble. Le panthéon des stars affiche complet

Au cœur des années vingt, l'opinion américaine avait soif de héros. Le sport, comme le cinéma, assouvissait tant bien que mal ce besoin. Mais compte tenu des circonstances, il est aujourd'hui encore difficile de savoir qui des stars ou du public furent les véritables moteurs de cette incroyable surenchère.

A une époque où la fraîcheur d'âme des Américains n'avait d'égale que leur naïveté, les foules étaient capables de se mobiliser sur un nom ou sur une équipe comme par miracle. L'imaginaire de l'opinion répondant à des valeurs simples et à des vertus fondamentales, quelques exploits ou une poignée de records assuraient à leurs auteurs un crédit sans limite. Les sportifs étaient avant tout des héros positifs dont les éventuelles tares ou lacunes étaient systématiquement passées sous silence. Seules comptaient leur montée au pinacle et, juste retour du destin, leur éventuelle descente aux enfers. Les tenants et les aboutissants de semblables parcours, les personnages de l'ombre et les manipulateurs en coulisse échappaient totalement à la vigilance du public.

Le nageur Johnny Weismuller, futur Tarzan à l'écran, fut quasi imbattable entre 1921 et 1928. Premier homme à «descendre» sous la minute (58"6) sur 100 mètres nage libre, le 9 juillet 1922, il se distingua aux Jeux olympiques de 1924 et 1928, où il remporta cinq médailles.

Le tennisman William Tatum Tilden, le golfeur Bobby Jones, le nageur Johnny Weismuller et tant d'autres goûtèrent l'avantage d'être avant tout considérés comme des surhommes. Avant que la Seconde Guerre mondiale ne vienne bouleverser les habitudes de chacun, leur générosité, leur intégrité et leur sens du devoir tombaient sous le sens et revêtaient aux yeux de leurs admirateurs une importance au moins aussi grande que leur adresse, leur dextérité ou leur

D'origine norvégienne, Sonja Henie fut consacrée aux Jeux olympiques de 1928, 1932 et 1936.

agilité. Tilden a certes remporté sept US Open, Jones bouclé le seul grand chelem de l'histoire du golf et Weismuller amélioré soixante-sept records du monde; tous trois, et leurs émules avec eux, ont surtout entretenu la fierté d'une nation alors enviée par tous les pays du monde.

Grand, filiforme, réformé de l'US Army à cause de ses pieds plats, William Tatum Tilden (1893-1953) fut un «showman» hors pair. Sans cesse en conflit avec les autorités du jeu, il fit beaucoup pour que le tennis devienne un sport professionnel à part entière. Entre 1931 et 1935, il remporta 340 des 487 matchs professionnels qu'il disputa.

PHOTOS SOLD HERE MADE BY
'Rdm' Studio
OPEN DAY & NIGHT.

## La Grande Dépression démontre à quel point le sport est devenu indispensable à l'équilibre social

La chute ne fut que plus brutale. Aux années roses peuplées d'histoires édifiantes et de rêves en tout genre succédèrent les années noires. Un beau soir de 1929, le doute s'installa dans les esprits même les plus optimistes. En même temps que s'écroulaient les valeurs boursières, les valeurs humaines les plus naturelles furent remises en question. Le sport n'avait apparemment aucun rôle à jouer dans un pareil contexte. Et pourtant... C'est au milieu du chaos, alors que la préoccupation première était de survivre, que les clubs de bowling ou les golfs miniatures connurent leur plus fort taux de fréquentation. Pis, c'est précisément parce que l'Américain moyen était privé de tout, que certains organisateurs sans scrupule imaginèrent des compétitions mettant en jeu le peu de courage et de dignité qui lui restait. Un peu partout fleurirent des marathons dansants, ou des rallyes pédestres interminables, qui avaient pour seule raison d'être l'exploitation des ultimes ressources physiques de prétendus sportifs ou de soi-disant athlètes.

Le 21 mars 1931, Douglas Fairbanks donna à Los Angeles le départ de la Trans-America, une course intercontinentale de 5063 kilomètres qui réunissait près de deux mille athlètes, dont cent vingt et une femmes. La mise en scène de cette course extrême fut à la hauteur de son enjeu : sordide. Elle ne faisait que reprendre une idée lancée par C. C. Pyle, un promoteur qui, en 1928 déjà, avait invité sur un parcours similaire deux cent soixante-douze têtes brûlées à consumer leur santé trois mois durant.

Le vainqueur, Andrew Payne, un Indien de dix-neuf ans, né dans l'Oklahoma, parcourut la distance en 573 heures 4 minutes et 34 secondes. Pour la peine, il récupéra une bourse qui couvrit tout juste les frais de son voyage de retour. Au plus fort de la crise économique, on assista même à des combats de boxeurs aveugles et à des courses d'unijambistes. L'essentiel était d'oublier.

Aux abois, les vrais amateurs de sport ne désarmèrent pas pour autant. Ils continuèrent à

Au lendemain du krach boursier de 1929, soixante pour cent de la population ne disposaient plus que de 2000 dollars par an pour subvenir à leurs besoins. Et 300000 personnes furent jetées à la rue. C'est dans ce climat que fleurirent les marathons dansants, à gauche, ou pédestres, ci-dessous, les plus extrémistes que l'on puisse imaginer.

fréquenter les stades. Conscients de la situation, les propriétaires de clubs pratiquèrent des droits d'entrée minimaux et invitèrent leurs stars à diminuer leurs revenus. Malgré, ou à cause de la crise, le sport américain refusa de se soumettre.

**En 1932 et 1936, les Américains prennent enfin au sérieux les Jeux olympiques**

Volontiers protectionnistes et chauvins, les Américains n'avaient pas prêté grande attention aux premiers rendez-vous olympiques. Plusieurs clubs universitaires s'y étaient distingués – notamment à Athènes en 1896 et à Saint Louis en 1904 – mais l'opinion n'eut même pas le loisir de s'en réjouir.

William May Garland ne fut pas le dernier à s'étonner de cette situation. Patron du *Los Angeles Times*, ce formidable meneur d'hommes pensait au contraire que les Jeux pouvaient favoriser la diffusion de certains sports dans son pays. Une première fois, en 1924, il frappa à la porte du Comité international olympique. Sans succès.

Inauguré en 1923, le Los Angeles Coliseum (ci-dessous) a accueilli les jeux de 1932 et ceux de 1984. En 1932 fut inauguré le premier village olympique, prévu pour héberger les athlètes.

En l'absence d'une autre candidature, son appel sera entendu en 1932.

Malgré la crise, malgré quelques manifestations d'hostilité et autant de slogans vengeurs – «des épiceries, pas des Jeux», «Jeux = scandale» –, Garland parvint à convaincre les édiles locaux et les entrepreneurs californiens de l'importance d'une telle célébration. Evénement sans précédent : c'est une région tout entière qui, au bout du compte, s'enflamma pour le projet olympique.

Même si de nombreux Américains étaient favorables au boycott des Jeux de 1936, les athlètes US (ci-contre) se déplacèrent en masse à Berlin. Les Américains obtinrent 56 médailles (dont 24 d'or). Plusieurs Noirs faisaient partie de la délégation.

James Cleveland Owens (ci-dessus et ci-dessous) domina le 100 mètres des Jeux de 1936 en 10″3 devant son compatriote Ralph Metcalfe.

Avec cent quatre médailles (sur les trois cent quarante-huit mises en jeu!) les Etats-Unis furent les grands triomphateurs de ces Jeux «new-looks» qui préfiguraient d'autres célébrations encore plus grandiloquentes. Celles de 1936, à Berlin, en particulier.

En Allemagne, dans le cadre de la grand-messe orchestrée par le IIIe Reich, c'est un Noir américain qui focalisa l'attention. James Cleveland Owens, en même temps qu'il remporta quatre médailles d'or et mit en cause les desseins de la propagande nazie, sonna le réveil des athlètes de couleur, encore très discrets sur le territoire américain.

Rescapé du ghetto de Cleveland, où il était né le 12 septembre 1913, Owens défraya une première fois la chronique le 25 mai 1935. A Ann Arbor, dans le Michigan, ce «cri d'orgueil que la nature a jeté au milieu des hommes», tel que le définira Jacques Goddet, envoyé spécial de *L'Auto* à Berlin, battit cinq records du monde et en égala un sixième en l'espace de quelques heures seulement. Cette gerbe d'exploits garantissait sa sélection pour les prochains

Jeux. Elle fit davantage : elle lui assura une notoriété que ni ses origines, ni sa couleur de peau ne purent mettre en cause.

## Les héros noirs sont respectés, à défaut d'être adoptés

Premier Noir admis en «major league», Jack Roosevelt Robinson (ci-dessus) fut, dans un premier temps, l'objet de nombreuses humiliations. On vit même un adversaire mal intentionné déposer un chat noir sur son épaule juste avant que ne débute un match-exhibition à Birmingham (Alabama).

Comme Jesse Owens, le boxeur Joe Louis appartient à cette catégorie des «bons Noirs», soumis et respectueux, qui participèrent certes à l'émancipation d'une minorité, jusque-là opprimée, mais qui confortèrent aussi le pouvoir blanc dans ses prérogatives. Signe des temps, ni l'un ni l'autre ne cautionnèrent la moindre campagne susceptible de bouleverser l'ordre établi. C'est ce même souci de prudence qui présida à la sélection de Jack Roosevelt Robinson, premier Noir jamais admis à disputer une rencontre de base-ball au sein d'une ligue nationale le 10 avril 1947. Préféré à d'autres joueurs plus vindicatifs, Robinson possédait l'avantage d'entretenir d'excellentes relations avec les responsables du jeu et avec Branch Rickey en particulier. Ce promoteur avisé avait compris la nécessité de lâcher du lest et de flatter le public noir de plus en plus nombreux dans les enceintes sportives. Robinson supporta toutes les humiliations mais sa résistance passive annonçait des révoltes beaucoup plus radicales.

Le 6 avril 1966, dans un salon privé de Dallas, Tex Schramm et Lamar Hunt décident de faire la paix. Hommes forts du football professionnel d'alors, les patrons des deux ligues concurrentes, la National Football League et l'American Football League, constatent que les intérêts du sport qu'ils défendent ne supportent plus les querelles. Au terme d'une discussion d'une heure et demie, la guerre des ligues prend fin.

CHAPITRE V

# SPORT BUSINESS ET RÉVOLUTION TÉLÉVISUELLE

A l'orée des années 60, les mastodontes du football font le spectacle. Ils ont définitivement adopté les attributs vestimentaires (casques, épaulettes, etc.) destinés à garantir leur protection mais aussi à soigner leur apparence.

Sécessionniste depuis un an, Lamar Hunt proposa lui-même un plan de réunification. Le 8 juin, au Narwick Hotel de New York, l'idée d'un championnat national unique, doté de deux divisions, ou «conferences», est entérinée par les deux parties. Mieux, comme une cerise sur le gâteau, Hunt suggéra que l'on organise chaque année une finale entre les deux meilleures formations du pays : le Super Bowl. Mais que l'on ne s'y trompe pas. Si Tex Schramm et Lamar Hunt ont si rapidement fait cause commune c'est moins par goût du compromis que parce qu'un élément extérieur – en l'occurrence la télévision – les y contraignait.

Bien avant le coup d'envoi, les joueurs de football se soumettent à des entraînements et à des échauffements (ci-dessus) intensifs.

## La télévision impose de nouvelles règles du jeu

La première retransmission télévisée d'un événement sportif aux Etats-Unis n'avait guère soulevé l'enthousiasme. Le 17 mai 1939, les quelques centaines de téléspectateurs réunis pour la circonstance éprouvèrent même beaucoup de difficulté à suivre les évolutions des footballeurs de Princeton et de Columbia. Le *New York Times* du lendemain s'étonna d'ailleurs que l'on puisse accorder du crédit à cet appareil «où les joueurs bougent sur l'écran comme des mouches sur une vitre».

La revanche de la télévision ne se fit pas attendre. Plus efficacement et surtout plus systématiquement que la radio, elle recruta un public à la fois hétéroclite et homogène où les femmes, mais aussi les enfants, les paysans mais aussi les cadres supérieurs partageaient de semblables émotions. L'arrivée de la couleur, en 1955, du ralenti, en 1961, des surimpressions électroniques, en 1963, des satellites et des caméras portables, en 1965, développa l'accoutumance de millions de téléspectateurs anonymes.

Relation de cause à effet : même vécu par procuration, le sport cessa rapidement de n'être qu'un spectacle, pour devenir de plus en plus un vecteur d'intérêts économiques. Au fil des ans, les relations les plus élémentaires d'offre et de demande, les rapports entre les sportifs et leurs admirateurs, entre les propriétaires de clubs et les instances dirigeantes furent totalement bouleversés.

C'est précisément parce qu'ils jugeaient impossible de se partager le gâteau télévisuel que Schramm et Hunt décidèrent de collaborer. Les patrons de la ligue professionnelle signèrent un contrat de 9 300 000 dollars avec la Columbia Broadcasting System (CBS), lui garantissant l'exclusivité des retransmissions au cours des deux saisons à venir.

Au-delà de l'engagement physique, le football réclame un sens du placement et de la stratégie. Au fil des années, les tactiques devinrent de plus en plus sophistiquées.

## Le sport américain se technocratise et se bureaucratise à l'excès

Au lendemain de la Seconde Guerre mondiale, les quatre grands sports américains (base-ball, football, basket-ball et hockey sur glace) avaient entamé une intense phase d'organisation. Compte tenu des sommes investies, de l'ingérence du petit écran et surtout du libéralisme économique ambiant, les propriétaires de clubs se transformèrent petit à petit en capitaines d'industrie. Incapables de composer avec un cadre juridique encore flou, les plus rétrogrades furent obligés de passer la main.

Walter O'Malley, patron des Dodgers, n'avait apparemment rien à se reprocher. Il n'avait contracté aucune dette, la télévision lui garantissait un à-valoir de 580 000 dollars annuels et son équipe de base-ball était à la hauteur des événements. En 1958, il céda néanmoins aux sirènes de quelques investisseurs qui le persuadèrent de transférer ses Dodgers de New York à Los Angeles. Tributaire d'un stade vétuste, O'Malley ne pouvait négliger le fait que le pôle du sport business était désormais situé en Californie. Pour les mêmes raisons, dans les mois qui suivirent, les Braves émigrèrent de Boston à Milwaukee et les Athletics passèrent de Philadelphie à Kansas City.

Jusque-là à la traîne du base-ball et du football, le basket-ball et le hockey sur glace

Ci-contre, l'inséparable trio du base-ball : batteur, attrapeur et arbitre.

choisirent cette même période pour tenter de combler leur handicap. Après maints soubresauts, la National Basketball Association vit le jour en 1950. Grâce à cette institution et au championnat qui en découla, les garants du jeu consommèrent le divorce entre le basket-ball professionnel encore à ses débuts et le basket-ball universitaire toujours très florissant.

Dès le mois de janvier 1945, un scandale impliquant cinq joueurs du College of Brooklyn, coupables de paris clandestins, avait mis en lumière des méthodes appliquées sur la plupart des campus. Plus qu'un dérivatif ou même qu'un argument promotionnel, le basket-ball universitaire devenait une affaire juteuse. Divers procès qui éclabousseront huit établissements et plus d'une quarantaine de joueurs ne feront qu'envenimer la situation jusqu'en 1951.

La National Hockey League fut instituée dès 1926, mais il fallut attendre près de trente ans et le concours de plusieurs chaînes de télévision pour qu'elle supporte la comparaison avec les autres ligues professionnelles. D'abord composée de six équipes, elle ouvrit ses portes et accorda des franchises à de nombreuses villes, parfois au mépris des conditions climatiques ou historiques les plus élémentaires. La redéfinition de certains règlements – celui du hors-jeu par exemple – concourut à améliorer l'aspect spectaculaire d'un sport désormais aussi populaire à Montréal et Chicago qu'à Los Angeles ou Saint Louis.

## Les spectateurs aspirent de plus en plus à devenir des acteurs

A mesure qu'ils bâtirent une société de consommation enviée du monde entier, les Américains intégrèrent, chaque jour davantage, le sport dans leur vie quotidienne. En l'espace d'une génération, le panier de basket-ball trouvait définitivement sa place au-dessus de la porte du garage et le terrain de base-ball élisait domicile

L'équipe des Harlem Globetrotters est originaire de Chicago. Entièrement composée de joueurs noirs, elle fut l'une des formations les plus attrayantes de l'Histoire.

Ce que la photo est occasionnellement parvenue à faire, la télévision va s'ingénier à le réussir quotidiennement. Désormais les sports professionnels (et plus particulièrement le base-ball) vont être disséqués sous toutes les coutures. De dos, de face, aucune phase de jeu ne sera plus jamais anodine. Le téléspectateur s'immisce dans le jeu, réclame chaque jour de nouveaux émerveillements, devient plus fin connaisseur et, au bout du compte, plus exigeant. Le sport, sa pratique mais aussi et surtout sa consommation, se sophistiquent. La télévision a imposé un langage. Parfaitement ésotérique pour les béotiens mais tout à fait délectable pour les connaisseurs. A grand renfort d'explications techniques et de statistiques les téléreporters ne feront qu'ajouter au divorce.

au bout de la rue. L'augmentation du temps de loisir, le goût de l'effort physique retrouvé, la lente migration des populations citadines vers des banlieues plus accueillantes incitèrent le spectateur à se transformer de plus en plus en acteur. Dès le début des années soixante, l'hédonisme sportif contamina l'ensemble du pays.

Le golf et le tennis profitèrent de ce bouleversement au-delà de tout ce que l'on pouvait imaginer. Le pouvoir d'émulation des champions d'une part, le besoin d'identification de leurs admirateurs d'autre part firent le bonheur des marchands attachés à deux activités qui nécessitent, précisément, l'utilisation d'une intendance et d'un matériel souvent coûteux. Dans un tel contexte, Arnold Palmer et Jack Nicklaus s'imposèrent non seulement en tant que modèles, mais prirent aussi une part active dans la promotion et la diffusion de leur sport. Tout à la fois acteurs, professeurs, promoteurs et commentateurs, les «papes de la petite balle blanche» furent les principaux artisans du boom du golf aux Etats-Unis. Jusque-là, ce loisir, même bien implanté en Nouvelle-Angleterre et en Californie, n'était pas considéré comme un sport de masse. A la fin des années soixante, il comptait plus de trente millions d'adeptes!

A l'inverse des golfeurs, rapidement maîtres de leur destin, les tennismen professionnels ne sont jamais parvenus à se démarquer d'un pouvoir fédéral – et international – volontiers rétrograde. Ce n'est qu'au gré de crises et de conflits divers que les rois de la raquette se sont émancipés. Alors que les golfeurs avaient acquis le droit de devenir professionnels en 1920, il fallut attendre 1968 pour qu'une telle pratique se généralise chez leurs confrères. Avant cette date, le tennis business n'avait pu compter que sur une poignée de francs-tireurs – Jack Kramer, Bobby Riggs, Pancho Segura, Pancho Gonzales – pour assurer sa promotion. Cette différence de traitement n'est sans doute pas étrangère au développement du tennis, qui patienta jusqu'au début des années soixante-dix pour connaître un succès populaire comparable à celui du golf.

Ci-dessous, Jack Nicklaus à ses débuts, à une époque où son physique poupin et son style syncopé ne disaient rien qui vaille aux amateurs de golf.

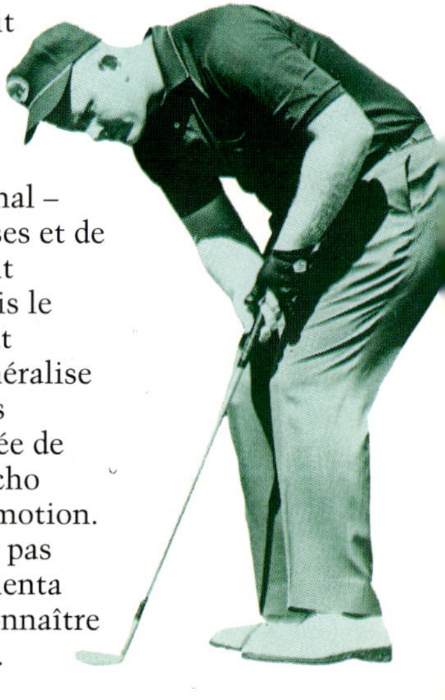

La remise en cause de la suprématie d'Arnold Palmer, (ci-contre) par le jeune Nicklaus (à gauche) fit beaucoup pour le succès du golf aux Etats-Unis. Professionnel depuis 1954, adulé des foules, invariablement accompagné d'une foule de supporters (la fameuse Arnie's Army), Palmer eut maille à partir avec Nicklaus dès 1962 (victoire du second sur le premier à l'US Open au terme d'un mémorable «play-off» – prolongation de jeu en cas d'égalité). Au bout du compte, l'un et l'autre accumulèrent un palmarès d'exception. Nicklaus en particulier qui remporta vingt tournois majeurs entre 1962 et 1986 (le premier à 22 ans, le dernier à 46 ans!) et gagna plus de 5 millions de dollars de prix. Il devint parallèlement un architecte réputé et un businessman avisé dont la principale société (Golden Bear International) dégageait à la fin des années 80 un revenu annuel de 350 millions de dollars.

Pionnière, Billie Jean King le fut à plus d'un titre. En 1971, elle devint la première athlète (tous sports confondus) à remporter plus de 100000 dollars de prix au cours d'une même année. Elle fut aussi la première à militer pour l'égalité des prix entre tennismen et tenniswomen. Elle fut enfin la première sportive à avouer ouvertement son homosexualité. King remporta vingt titres (simple, double et mixte) à Wimbledon. Elle fut également consacrée aux Internationaux des Etats-Unis (quatre fois), de France et d'Australie. Ci-contre, Bobby Riggs vient la féliciter après sa victoire.

## Après des années de silence, les femmes passent enfin à l'attaque

Ce n'est pas sans mal que les femmes s'imposèrent sur la scène sportive américaine. Si on excepte quelques joueuses de bowling, jockeys ou patineuses, rares étaient les professionnelles qui pouvaient prétendre gagner leur vie grâce au sport avant 1960. Le conservatisme de certains dirigeants et les pesanteurs sociales exclurent toute forme de progrès pendant plusieurs générations. Les premiers succès des athlètes américaines n'eurent rien à envier aux victoires obtenues par d'autres suffragettes sur d'autres fronts.

En 1966, à l'occasion du célèbre marathon de Boston, Roberta Bingay courut clandestinement. L'année suivante, Kathy Switzer, déguisée comme «son prédécesseur», fut menacée d'expulsion. Protégée par des concurrents, elle termina l'épreuve en un peu plus de quatre heures. Sitôt répercutée, cette mésaventure suscita une formidable émulation en faveur des courses féminines. Le marathon, en particulier, devint une Bastille que les féministes s'empressèrent de conquérir. Les instances internationales accordèrent finalement le «droit de marathon» aux femmes en 1979, avant de faire de cette course symbolique une épreuve olympique, à Los Angeles, en 1984.

De tous les sports, le tennis fut celui qui offrit aux femmes le plus de chances de se distinguer. Encore fallut-il attendre l'avènement de Billie Jean King pour que les tenniswomen obtiennent les mêmes droits et surtout les mêmes avantages que leurs coéquipiers.

Née à Long Beach, en Californie, la «passionnaria des courts», comme la surnommèrent les journalistes, ne se contenta pas de se constituer un palmarès d'exception (vingt titres majeurs), elle prit – au même titre que Kate Millet ou Jane Fonda dans d'autres domaines – des positions d'avant-garde très courageuses. Porte-parole du Women's lob (sic), elle poussa la logique jusqu'à relever le défi qu'un champion sur le retour, victorieux de Wimbledon en son temps, lui lança le 20 septembre 1973. Bobby Riggs en fut pour ses frais. Devant plus de trente mille spectateurs – la plus grosse assistance jamais enregistrée pour un match de tennis –, il fut bel et bien battu ajoutant un peu plus au succès de celle qu'il entendait précisément tourner en ridicule.

D'abord rejetées par la gent masculine, les sportives (ici Kathy Switzer, que l'on tente d'évincer d'un marathon en 1967) durent se battre pied à pied pour défendre leurs droits. En 1972, les autorités américaines ajoutèrent un amendement (Equal Opportunity Act) à l'article 9 de la Constitution stipulant qu'aucune discrimination sexuelle ne saurait désormais être tolérée dans le domaine du sport et de l'éducation physique.

## Les Noirs ne se contentent plus de participer, ils s'expriment

Au plus fort de la contestation raciale, alors que le pasteur Martin Luther King ou Malcolm X tentaient de combattre la même injustice avec des méthodes différentes, le boxeur Cassius Marcellus Clay (alias Muhammad Ali) trouva les mots justes pour soutenir la cause de ses frères de couleur. Doté d'un formidable sens du spectacle et de la surenchère, mais aussi d'un courage et d'une conviction inaltérables, il lutta contre les institutions sans relâche.

Révélé lors des Jeux olympiques de Rome en 1960, où il obtint une médaille d'or, converti peu après à l'islam, ce solide athlète, né le 17 janvier 1942 à Louisville, dans le Kentucky, ne recula devant rien pour faire passer son message. Il fut même déchu de son titre de champion du monde des poids lourds en 1967 et porté déserteur de l'armée américaine en pleine guerre du Viêt-nam. Son influence sur la minorité noire américaine – et, plus tard, sur les populations du tiers monde en général – tout comme son aura de sportif furent exceptionnelles.

Lassés de jouer les faire-valoir, les sportifs noirs américains changèrent de registre au milieu des

De toutes les images colportées par les Jeux olympiques depuis des décennies, les manifestations de joie (ci-dessus et à droite) et de protestation de Tommie Smith et John Carlos, pendant et après l'arrivée du 200 mètres en 1968, resteront à jamais célèbres. Bannis et chassés des Jeux de Mexico, les deux étudiants de San Jose (Californie), militants de l'Association pour les droits de l'homme, eurent toutes les peines du monde à se réinsérer.

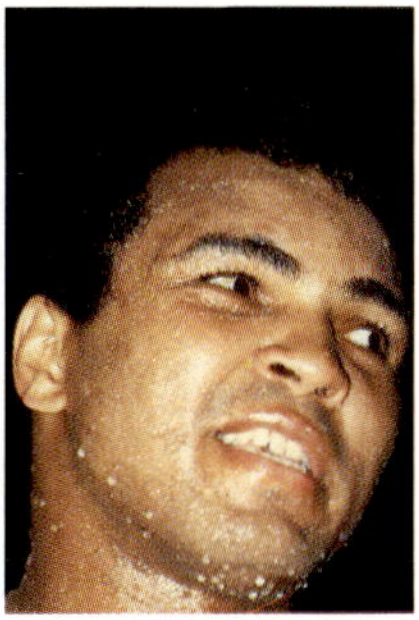

Porte-parole efficace de la cause noire, Cassius Marcellus Clay (ci-dessus) eut le privilège de voir ses combats transformés en spectacles planétaires. Ses matchs contre George Forman, en 1974 à Kinshasa, ou Joe Frazier en 1975 à Manille, furent suivis par plus d'un milliard de téléspectateurs!

années soixante. Déjà, les sports les plus conservateurs s'étaient rendus à l'évidence. En 1950, la fédération de tennis avait admis un joueur noir, Athea Gibson, dans le cadre de l'un de ses championnats nationaux. Deux ans plus tard, la Professional Golfing Association lui emboîtait le pas.

Les sélectionnés olympiques envisagèrent de boycotter les Jeux de Mexico en 1968. Finalement convaincus de l'intérêt d'une telle tribune, les plus vindicatifs appuyèrent leurs revendications au gré de manifestations spectaculaires. Tommie Smith et John Carlos, en particulier, n'hésitèrent pas à lever le poing, durant l'hymne américain, au moment de la remise des médailles d'or et d'argent du 200 mètres.

Plus que jamais, le sport devenait le terrain d'expression privilégié de la minorité la plus déconsidérée du pays. Si, en 1953, trente-huit pour cent des basketteurs professionnels seulement étaient noirs, on en comptait cinquante-quatre pour cent en 1971 et soixante-dix-huit pour cent en 1988. Simultanément, la proportion des footballeurs noirs était passée de trente-deux pour cent en 1971, à cinquante-six pour cent en 1988. Malgré ses réticences, le pouvoir blanc ne pouvait plus négliger les effets de cette étonnante colonisation à rebours.

Marlboro

Pour inaugurer son nouveau stade, Houston s'est mis sur son trente et un. Le président Lyndon B. Johnson lui-même a répondu à l'appel.
Le 9 avril 1965, le Harris Country Domed Stadium, plus connu sous le nom d'Astrodome, devient officiellement le plus grand stade couvert du monde. L'enceinte de soixante mille places, qui dispose d'une pelouse synthétique et d'un toit de cent vingt-trois mètres de diamètre, a coûté plus de cinquante millions de dollars.

CHAPITRE VI

# LA RANÇON DU SUCCÈS : CRISE, CONTESTATION ET SCANDALES

A la veille du XXIe siècle, le sport américain – à mi-chemin entre la science-fiction et la bande dessinée – joue plus que jamais la carte du spectacle à outrance.

Plus visionnaire que la moyenne des architectes, Roy Hofheinz avait parfaitement analysé l'évolution du sport aux Etats-Unis. Il avait en particulier compris qu'il était possible d'assurer le confort des spectateurs sans trahir pour autant ce qui doit demeurer une célébration populaire. Doté d'écrans géants, de conditions de visibilité et de sonorité irréprochables, agrémenté de parkings et de loges aux dimensions impressionnantes, son Astrodome fit très vite école. Dans un pays médiatisé à l'extrême, les stades de l'an 2000 non seulement trouvèrent leur place, mais se révélèrent souvent exigus!

Entre 1959 et 1976, les entrepreneurs privés et les collectivités locales investirent cinq milliards trois cents millions de dollars pour construire quelques-unes des cathédrales sportives les plus futuristes du moment. Deux cent quatre-vingt-cinq millions de dollars furent nécessaires à l'édification du Superdome de La Nouvelle-Orléans en 1970. Le Silverdome de Pontiac, dont les quatre-vingt-dix mille spectateurs sont protégés, si besoin est, par un toit en fibres de verre de deux cents tonnes, a nécessité un

Le Super Bowl (finale du championnat nord-américain de football) ne suffisait pas. Pour contenter l'appétit des spectateurs et des téléspectateurs, les responsables du jeu ont multiplié les compétitions de substitution plus ou moins crédibles – Sugar Bowl, Orange Bowl (ci-dessus à Miami), Coton Bowl, Gator Bowl, Rose Bowl, etc.

investissement équivalent. Achevé en 1988, le Skydome de Toronto, au Canada, a coûté près du double. Partout, les stades les plus vétustes furent restaurés – le Coliseum de Los Angeles entre autres – ou abandonnés – Forest Hills aux dépens de Flushing Meadow par exemple. Au total, les deux cent cinquante amphithéâtres qui servent la cause du sport professionnel sur le continent nord-américain peuvent accueillir plus de sept millions d'individus!

## Devenue juge et partie, la télévision impose plus que jamais sa loi

Dès le tout début des années soixante, l'American Broadcasting Compagny (ABC) fonda l'essentiel de son succès sur des programmes sportifs. Privé de base-ball, le plus modeste des réseaux de télévision nationaux devint l'avocat de la boxe, du football universitaire et du hockey sur glace. Avec un succès tel que les deux autres réseaux – Columbia Broadcasting System (CBS) et National Broadcasting Company (NBC) – durent adopter immédiatement une politique de surenchère effrénée.

Cette escalade eut bien sûr le don de faire grimper les prix, elle provoqua aussi une inflation des programmes sportifs proprement dits. De nouvelles

La télévision est devenue le principal bailleur de fonds du sport américain. Entre 1987 et 1990, les droits pour les retransmissions versés à la National Football League ont augmenté de 92 % pour atteindre le total astronomique de 3,6 milliards de dollars.

ligues virent le jour et le total des équipes à l'intérieur de chacun des championnats existants fut multiplié par deux, voire davantage. Entre 1954 et 1990, le nombre des équipes de football, de base-ball, de basket-ball et de hockey sur glace reconnues par les ligues professionnelles est passé de quarante-trois à cent un.

Poussant la logique jusqu'à son comble, deux chaînes spécialisées – Home Box Office (HBO) et USA Network – ont été lancées au début des années soixante-dix. En 1979, une troisième – Entertainment and Sports Programming Network (ESPN) – proposa, à l'exclusion de tout autre programme, vingt-deux heures de sport par jour. Une «overdose» acceptée désormais par quarante-cinq millions d'abonnés.

Devenues juges et parties, certaines chaînes n'hésitèrent plus à participer au financement d'un club ou à imaginer purement et simplement des compétitions nouvelles. Actionnaire privilégié des équipes de base-ball et de basket-ball d'Atlanta (les Braves et les Hawks), Ted Turner, par ailleurs patron de la Turner Broadcasting System (TBS), tenta de populariser les Goodwill Games en 1985, un succédané des Jeux olympiques, qui ne rencontrèrent que peu de succès.

Par la force des circonstances, la télévision américaine imposa une nouvelle race de champions. Les stars des années cathodiques ne s'exprimaient plus seulement au gré de leurs performances mais aussi en fonction d'un «look» – selon le langage des publicitaires – si possible décalé par rapport au tout-venant. Jamais avares de petites phrases, toujours en mal de confidence, le footballeur Joseph Namath, le base-balleur Pete Rose, le basketteur Wilt Chamberlain, le tennisman Jimmy Connors, le golfeur Lee Trevino et bien sûr le boxeur Muhammad Ali furent les premiers à jouer de cette ambiguïté.

Les sportifs professionnels américains ne portent pas de publicité sur leur maillot. Mais les annonceurs se rattrapent en augmentant le nombre des panneaux dans les stades, et surtout en multipliant les spots publicitaires. Pour le Super Bowl 1989, la seconde de pub s'est négociée aux alentours de 160000 francs!

## Une fois par an, la grand-messe du Super Bowl mobilise plusieurs millions de téléspectateurs

Les chaînes ne s'arrêtèrent pas en si bon chemin. Elles privilégièrent certains sports – le football et le golf en particulier – et imposèrent des horaires souvent draconiens – matchs décalés, ou en nocturne par exemple. Effets pervers supplémentaires : les télévisions favorisèrent l'aménagement de nombreux règlements. Le «tie-break» en tennis, le «play-off» au golf ou le «sudden death» du football permirent d'abréger les prolongations, en cas d'égalité des deux parties, et évitèrent ainsi tout débordement excessif de programme. Faute d'avoir intégré au cours normal

Trois fois vainqueur du Super Bowl sous le maillot des San Francisco 49ers (abréviation de «forty-niners»), en 1982, 1985 et 1989, Joe Montana – 1m 88 et 83 kg (ci-dessus), surnommé le «cerveau froid», est sans conteste le «quaterback» – demi d'ouverture, demi de mêlée – le plus doué que le football ait jamais connu.

d'une partie suffisamment d'arrêts de jeu – donc de parenthèses publicitaires –, le «soccer» – le football tel qu'on le pratique en Europe – n'est jamais parvenu à s'imposer sur le marché américain.

De toutes les compétitions sportives organisées aux Etats-Unis, le Super Bowl est celle qui exacerbe le plus les intérêts et les passions du plus grand nombre.

Depuis 1967, en l'espace de quelques jours, cette rencontre du championnat de football – ainsi baptisée par Lamar Hunt qui s'amusait de voir sa petite fille jouer avec sa «super balle» – focalise l'attention de la nation tout entière. Parmi les dix émissions les mieux classées au hit-parade des audiences de la télévision américaine, on dénombre huit Super Bowl. Seuls les ultimes épisodes de deux séries dramatiques – *Mash*

Le football américain obéit à une mise en scène précise et immuable. Les «cheerleaders» – ou encore «pompom girls» –, sorte de majorettes – (ci-dessous), n'ont d'autre fonction que d'encourager les membres de leur équipe à grand renfort de chansons et d'acrobaties. Caparaçonnés comme les gladiateurs du temps jadis, les joueurs eux-mêmes apportent beaucoup de soin à leur tenue et à leur équipement.

et *Roots* – sont parvenus à s'immiscer aux troisième et huitième rangs de ce classement. Les plus récentes éditions du Super Bowl ont passionné jusqu'à cent vingt millions de téléspectateurs.

## Ni le base-ball, ni le football ne sont à l'abri d'une crise économique

Cela devait arriver. A force de générer des flux d'argent chaque jour plus importants, le sport américain s'est exposé à des problèmes d'ordre économique au même titre que n'importe quel autre secteur industriel. Ni le football, ni le base-ball, et encore moins le hockey sur glace, abandonné par les chaînes à partir de 1976, n'ont échappé aux banqueroutes, aux revendications et aux grèves.

Touchées de plein fouet par le marchandage télévisuel qui a agité les milieux sportifs à la fin des années quatre-vingt, tributaires du glissement de nombreuses activités économiques hors de certains centres urbains traditionnels (New York, Chicago, Saint Louis) de nombreuses équipes furent mises en péril. Jusque-là servilement liés à leur patron, les joueurs eux-mêmes revendiquèrent davantage d'argent et de liberté. En 1981, une première grève paralysa le début de la saison de base-ball durant cinquante jours. En 1982, les footballeurs, à leur tour, refusèrent de rejoindre les stades, durant cinquante-deux jours. Dans un cas comme dans l'autre, les professionnels réclamaient le statut de «free agent», autrement dit le droit de décider en toute liberté de la durée de leur contrat et du nom de leur futur employeur. Si les base-balleurs parvinrent à leurs fins, les footballeurs peinèrent pour obtenir gain de cause.

En 1987, pour faire face à un nouveau conflit, les dirigeants de clubs, soutenus par les responsables de la National Football League, n'hésitèrent pas à briser les piquets de grève et à aligner des équipes de «jaunes» recrutés *in extremis* sur les campus ou dans les divisions de catégories inférieures. Au terme de vingt-quatre jours d'arrêt de travail, les footballeurs grévistes avaient perdu vingt millions de dollars et n'avaient obtenu que quelques maigres compensations en échange.

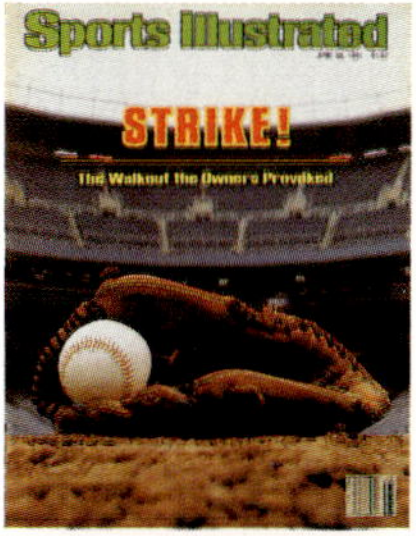

Depuis 1954, le magazine *Sports Illustrated* témoigne de l'évolution du sport américain avec beaucoup d'intégrité et de lucidité. Cet hebdomadaire de grande qualité n'évite aucun écueil, pas même les mouvements sociaux, comme par exemple les grèves des joueurs professionnels de base-ball et de football qui ont fait les unes (ci-dessus) de l'hebdomadaire en juin 1981 et en septembre 1982.

## Le sport est victime de toutes les perversions possibles et imaginables

Loin de perpétuer des valeurs depuis longtemps réservées aux beaux livres d'images, le sport «made in USA» épousa tous les travers de la société américaine. Au cours de ces vingt dernières années, le dopage, la drogue, la corruption, la violence jouèrent, là comme ailleurs, un rôle peu enviable. En glissant des rubriques spécialisées à celles des faits divers, les champions, même les plus réputés, normalisèrent leur comportement au point de rejoindre dans le camp de la délinquance des stars du showbiz ou du monde de la finance, ni plus ni moins recommandables qu'eux.

En 1982, l'hypocrisie ambiante fut une première fois battue en brèche lorsque l'hebdomadaire *Sports Illustrated* publia les confessions du footballeur Don Reese, cocaïnomane notoire. D'autres révélations suivirent. En 1986, la mort par overdose de Len Bias, basketteur vedette de l'université du Maryland, apporta la preuve qu'après les professionnels, les étudiants étaient eux-mêmes victimes des pires perversions. A Oklahoma City, à Kansas City, dans l'Etat de Caroline du Nord, des dizaines d'athlètes et d'entraîneurs furent mis sur la sellette entre 1986 et 1989, tour à tour accusés de violence, de détournements et de trafics plus ou moins avouables.

Prises au piège de la «course aux armements» sportifs, les plus grosses universités du pays se révélaient incapables de préserver un semblant de crédibilité à leur recrutement. Compte tenu des revenus annuels de leurs équipes – quinze millions de dollars pour les seules équipes de football et de basket-ball de l'université du Michigan – elles se résolurent à offrir une totale autonomie financière à leur section sportive.

La boxe – jamais à l'abri d'un match truqué ou d'un «remake» préfabriqué –, le hockey sur glace – toujours à la merci d'une bataille rangée ou d'une rixe préméditée – ne s'employèrent guère, durant ces mêmes années, à plaider la cause d'un sport américain de plus en plus malade. Même le tennis,

Toujours dans le souci de soigner la forme et de donner aux spectateurs quelques points de repère supplémentaires, toutes les équipes américaines (universitaires ou professionnelles) ont adopté un sigle, un surnom et une mascotte. Au gré des championnats et des ligues, les Faucons, d'Atlanta, les Saints, de New Orleans, les Boucaniers, de Tampa Bay, les Peaux-Rouges, de Washington, les Pirates, de Los Angeles se disputent la vedette avec les Chaussettes rouges, de Boston, les Tigres, de Detroit, les Indiens, de Cleveland, les Soleils, de Phoenix ou les Rois de Sacramento.

obligé de composer avec le comportement parfois excessif de certains éléments – Connors, McEnroe –, ou l'athlétisme, confronté périodiquement à des affaires de dopage, ne furent pas à l'abri de la tempête.

Trop longtemps déresponsabilisé et mythifié, l'athlète américain des années quatre-vingt n'a pas toujours supporté les enjeux dont il était l'instrument, si ce n'est la victime.

Le hockey est un sport blanc par excellence (joueurs et spectateurs noirs sont très rares). Le championnat regroupe des équipes canadiennes et américaines.

## Grands consommateurs de sport spectacle, les Américains sont aussi devenus des forcenés de l'effort physique

Si on en croit la Wharton Econometric Forecasting Association, le produit national brut du sport américain aurait dépassé celui de l'industrie automobile en 1987. Avec un pactole de trois cent un milliards de francs, ce secteur d'activité, jadis négligeable, est devenu l'un des piliers de la vie économique aux Etats-Unis. La pratique sportive recouvrirait à elle seule plus du tiers de ce produit national brut sportif (cent vingt-huit milliards de francs) devançant l'industrie des articles de sport (cent dix-sept), le sponsoring (vingt-cinq), les recettes d'entrée dans les stades (vingt), les droits de télévision (huit) et les contrats publicitaires des champions (trois).

La «fitness mania», l'engouement pour les compétitions de masse, pour l'aerobic, le jogging, le walking, le bodybuilding expliquent pour une bonne part l'excellente santé du sport américain. Pour l'amateur, même le plus modeste, une paire de skis, un club de golf ou une bicyclette ne suffisent plus : au-delà des instruments nécessaires à leur pratique, toutes les spécialités athlétiques nécessitent désormais une discipline alimentaire et une esthétique vestimentaire appropriées. A eux seuls, les Américains ont usé deux cents millions de paires de

Au pays du «melting pot» les Noirs américains furent les premiers à utiliser le sport comme moyen de promotion sociale. Désormais, c'est l'ensemble des minorités raciales – comme l'illustre la photo ci-dessous – qui profite de cet avantage, même dans le domaine du base-ball – avec des joueurs d'origine mexicaine comme le célèbre Fernando Valenzuela ou dans le cadre d'activités très cloisonnées comme le tennis, avec Michael Chang, ou le golf, avec Robert Gamez.

chaussures de sport en 1989! Aux Etats-Unis plus qu'ailleurs, les modes soulignent l'appétit d'une clientèle versatile. Si le tennis a perdu près de dix-huit millions d'adeptes entre 1978 et 1986, d'autres disciplines ont bénéficié de cette désaffection passagère : le squash, le racketball ou le half-court tennis par exemple. Toujours en quête de surenchère, les Américains sont devenus les apôtres de sports de plus en plus extrémistes et sophistiqués : le triathlon, le surf, le mountain-bike. A l'orée des années quatre-vingt-dix, près de soixante pour cent de la population américaine pratiquent une activité physique au moins une fois par semaine.

A l'étroit à l'intérieur de ses propres frontières, le sport américain tente par tous les moyens de gagner de nouvelles parts de marché. Le football américain a déjà réussi une importante percée en Grande-Bretagne, en Italie et aux Pays-Bas. Le base-ball, le «national pastime» par excellence, est devenu un sport très prisé au Mexique et au Japon. L'un et l'autre se développent également aujourd'hui en France.

## L'expansionnisme américain est en marche : plus que jamais le sport américain s'exporte

S'il fallait une preuve supplémentaire de l'importance du sport américain, il n'est que de constater sa valeur croissante sur le marché mondial. Désormais, les meilleurs agents, entrepreneurs ou médias américains consacrent une bonne partie de leur énergie à l'exportation de leur savoir-faire. Signe des temps : le base-ball sera officiellement admis aux Jeux olympiques de Barcelone en 1992 et, en 1994, la Coupe du monde de football – «soccer» – sera organisée aux Etats-Unis.

Longtemps tributaire d'un ethnocentrisme forcené, le sport américain attire chaque jour davantage les champions étrangers. On ne compte plus les basketteurs yougoslaves ou soudanais, les hockeyeurs soviétiques ou tchécoslovaques qui font les beaux jours des championnats professionnels. Inversement, la National Football League ou la National Basketball Association envisagent, le plus sérieusement du monde, d'étendre leur emprise sur le marché européen en créant une compétition intercontinentale d'ici la fin du siècle. Plusieurs sports – le golf, le tennis et l'athlétisme – sont en grande partie contrôlés par un pouvoir économique d'origine américaine. Au XXI^e^ siècle, à défaut d'être définitivement autonome, le sport mondial sera plus que jamais américain.

# TÉMOIGNAGES ET DOCUMENTS

# Le sport et la littérature américaine

*De John Updike à Philip Roth, on ne compte plus les «forts en thème» qui ont fréquenté les stades et pimenté leurs romans d'anecdotes ou d'exploits sportifs divers.*

## Le basket dans le sang

De jeunes garçons jouent au basket-ball autour d'un poteau télégraphique auquel on a fixé un panier rudimentaire. Galopades; des cris fusent. Le crissement des semelles sur les cailloux de l'allée semble catapulter leurs voix dans le bleu du ciel de mars, au-dessus des fils électriques. Rabbit Angstrom passant par là en costume de ville, s'arrête pour les regarder bien qu'il ait vingt-six ans et un mètre quatre-vingt-huit. Il est si grand qu'il ne fait guère *lapin,* mais son visage

blême et large, la pâleur de ses yeux bleus et un tic qui agite les ailes de son nez court quand il se colle une cigarette aux lèvres expliquent en partie ce sobriquet de Rabbit qu'on lui a donné quand lui aussi était jeune garçon. Il reste là, et les gosses continuent à se démener, à envahir la chaussée.

Ils trouvent bizarre qu'il reste planté là, ils lui lancent des coups d'œil en coulisse. C'est qu'ils jouent pour s'amuser, et pas pour faire une démonstration à un adulte qui se balade en complet marron croisé. D'ailleurs, ça leur paraît drôle qu'une grande personne passe par ici. Où est donc sa voiture, à celui-là? La cigarette au bec lui donne un air encore plus louche. Et si c'était encore un de ces types qui va leur offrir des cigarettes ou de l'argent pour l'accompagner derrière l'usine à glace? Ils ont entendu parler de ces choses-là, mais ça ne leur fait pas trop peur : ils sont six et lui est tout seul.

Le ballon, rebondissant sur le rebord du panier, passe par-dessus la tête des six garçons pour venir atterrir aux pieds de l'homme tout seul. Il le saisit au vol avec une vivacité qui les surprend. Tandis qu'ils le regardent interloqués, il vise en clignant des yeux derrière la fumée bleue de sa cigarette : soudain, c'est une silhouette sombre comme une cheminée d'usine dans le ciel de cet après-midi printanier, il est bien calé sur ses pieds, jonglant nerveusement avec le ballon devant lui, une main pâle étendue par-dessus, l'autre par-dessous, s'appliquant à trouver dans l'air un point d'appui, étalant ses doigts aux larges lunules. Le ballon d'un coup semble s'élever jusqu'au revers droit de son veston et jaillir de son épaule en même temps que ses genoux se ploient; on dirait qu'il va passer à côté car, malgré l'angle sous lequel l'homme a shooté, le ballon se dirige vers le panier, et puis voilà qu'il tombe à l'intérieur du cercle, fouettant au passage le filet avec un petit froissement distingué et venant ignominieusement frapper sur la tête un petit garçon aux réflexes trop lents, appuyé au poteau.

«Vous avez vu? crie-t-il, tout fier.

»C'est du pot, dit un des gosses.

»De l'adresse, réplique-t-il. (Et il demande :) Dites donc. Ça vous va si je joue?»

Pas de réponse : on échange seulement des regards stupides et surpris. Rabbit ôte sa veste et la pose, bien pliée, sur le couvercle d'une poubelle propre. Derrière lui, les pantalons de toile recommencent à se démener. Il se lance au cœur de la mêlée pour cueillir le ballon, le souffle à deux faibles mains blanches et s'en empare. Le contact familier de ce cuir tendu met en éveil tous ses muscles, donne des ailes à ses bras. Bon sang, ça fait des années qu'il n'a pas touché un ballon. Ses bras se lèvent tout seuls et le ballon flotte vers le panier par-dessus sa tête. Il est si sûr de sa trajectoire qu'il clignote quand le ballon retombe avant le poteau et il se demande un instant s'il ne l'a pas logé dans le cercle sans même lui faire effleurer le filet.

«Alors, dit-il, je joue avec qui?»

Après une bagarre silencieuse, on lui envoie deux partenaires. Ils jouent donc à trois contre les quatre autres. Bien que tout de suite Rabbit se donne un handicap en n'approchant pas à moins de trois mètres du panier, c'est encore une lutte inégale. Personne ne prend la peine de compter les paniers. Ce silence hostile l'ennuie. Les gosses s'interpellent, mais ils n'osent pas lui adresser la parole à lui. La partie se poursuit et, de plus en plus, il les sent qui s'accrochent à ses jambes, qui s'excitent et qui essaient de le faire trébucher mais ils continuent à ne pas lui parler. Il ne veut pas de ce respect, il voudrait leur dire que ça n'est pourtant pas malin de vieillir, que ça se fait tout seul. Au bout de dix minutes, un nouveau joueur passe dans l'autre équipe : il n'y a plus maintenant que Rabbit Angstrom et un gosse contre cinq adversaires. Ce garçon, encore minuscule, mais qui semble déjà se méfier d'un excès de nonchalante allonge, est le meilleur des six; il est coiffé d'une casquette de tricot agrémentée d'un pompon vert et qui lui couvre les oreilles en lui donnant l'air d'un crétin. Il a le basket-ball dans le sang : cette façon qu'il a de se déplacer latéralement sans faire un pas, par glissades, c'est un don des dieux. Ça se sent. Et puis sa façon d'attendre, d'évoluer. Avec un peu de chance, il deviendra en temps voulu une des vedettes de l'équipe du collège; Rabbit connaît l'itinéraire. On monte petit à petit jusqu'au jour où on se retrouve tout en haut, au milieu des exclamations; avec la sueur qui s'accroche à vos sourcils, on ne voit pas très bien, et le bruit tourbillonne autour de vous, vous soulève, et puis on sort de là, au début ça n'est pas qu'on vous oublie, simplement on est dehors et on se sent libre et dégagé, on trouve ça bon. On est dehors et on fond, on continue à monter jusqu'à ce qu'on devienne pour ces gosses un autre morceau de ce ciel des adultes qui s'étale au-dessus de la ville, un morceau qui, on ne sait trop pourquoi, s'est assombri et est venu leur rendre visite. Ils ne l'ont pas oublié, eux : c'est bien pire, ils n'ont jamais entendu parler de lui. Pourtant, de son temps, Rabbit était célèbre dans tous les Etats-Unis; au cours de son année de junior, il avait établi un record de paniers marqués en ligne B qu'il battit lorsqu'il fut devenu senior, en en établissant un cette fois qui ne fut dépassé que quatre ans plus tard, c'est-à-dire il y avait quatre ans de cela.

Il réussit des paniers d'une main, des deux mains, par en-dessous, en extension, de volée, en sautant. Le ballon s'élève, doux et docile. Lui est ravi de le sentir encore s'animer entre ses mains. Il a le sentiment de sortir d'une longue éclipse. Mais son corps est pesant, le souffle lui manque. Cela l'agace de s'essouffler comme ça. Quand les cinq gosses qui sont dans l'autre camp commencent à manifester tout haut leur dépit et qu'un gosse qu'il a renversé accidentellement se relève un peu sonné et fait mine de s'éloigner, Rabbit ne se fait pas prier pour s'arrêter.

»Bon, dit-il, le vieux s'en va.«

Il ajoute à l'adresse de son partenaire, le gosse au pompon :

»Salut, champion.«

John Updike,
*Cœur de lièvre,*
Editions du Seuil, 1962

**Le football américain n'a rien à voir avec la violence**

En plus, il y a le ballon. Les boxeurs, sauteurs à la perche et nageurs travaillent certes, eux aussi, en pleine extension mais m'attirent moins. C'est l'étrange ambiguïté du ballon qui me fascine, au point même que jamais il n'apparaît dans mes sculptures. C'est souvent qu'il semble y être mais, de fait, ne s'y trouve pas. D'où une tension bizarre, surtout chez des jongleurs où désir impatient et attente anxieuse paraissent plus intenses. Et pourtant, ces jongleurs finissent toujours, Dieu sait comment, par être trop plats, trop statiques. Voilà pourquoi je préfère le dynamisme plus grand des athlètes qui travaillent avec une balle : les membres s'élancent, les torses sont noués, la gravité a l'air d'être défiée, les forces entrent en collision – tous me font l'impression d'être véritablement en train de se déplacer et c'est parce que, sans la logique du mouvement, ils n'ont aucun sens. Qui plus est, le football américain n'a rien à voir ni avec la violence ni, comme le prétend Harry, avec on ne sait quelles pulsions de l'atavisme mais, bel et bien, avec l'équilibre. La ligne de mêlée est un centre d'appui et pas une frontière, puisque les éléments essentiels de ce jeu ne sont autres que le poids et la vitesse. L'enjeu de la lutte n'est pas de posséder mais, soudain, d'éclater de liberté. Et que c'est beau! Au football, comme en politique, le but, pour finir, n'est pas éthique mais esthétique.

Bien sûr, et je le reconnais, la plupart des joueurs de football ne savent probablement rien de tout cela. Il n'est que l'exception pour ne pas cogner dans son ballon et puis la vie sans réfléchir : si, à la fin, on a quelque vague nostalgie de quelque chose qui fut beau et que l'on a perdu, on n'en reste pas moins incapable de mettre le doigt dessus lorsqu'il faut causer au repas d'adieux. Mais c'est vrai de nous tous. Une des tâches principales du socialisme sera donc de donner à tous les hommes ce que l'artiste, lui, tient pour acquis dès le départ : le temps et l'incitation à la réflexion. Le capitalisme nous a fait surestimer l'action en y voyant le pouvoir (c'est l'oiseau qui se lève tôt qui trouve – et consomme – le ver et tout est dit : nous ne sommes qu'un gros tas de vers), et méditer est devenu non seulement une espèce d'oisiveté préjudiciable à la patrie mais encore, socialement et psychologiquement parlant, un danger.

C'est d'ailleurs là un risque que Gloomy Gus, lui, ne prit jamais. Lui qui fut le seul joueur de sa petite faculté à avoir atteint la gloire de l'All American, lui qui fut le premier à décrocher la coupe Heisman (j'ai, aujourd'hui, entendu dire à l'hôpital et ce, sur les lèvres mêmes de ce reporter sportif qui écrit cette rétrospective sur sa carrière, qu'à cause de ce qu'il fit lors de l'émeute du Jour du Souvenir, on s'affairerait, par en-dessous, à lui retirer ce titre – mais pourrait-on jamais effacer l'histoire?

Oui, oui, on le peut toujours, c'est même la première chose qu'on essaie de faire…), lui qui fut donc le demi arrière le plus prestigieux des Chicago Bears lors du championnat du monde, non, il n'est toujours pas très évident qu'il ait, au niveau le plus fondamental, jamais bien compris de quoi il retournait dans ce jeu. Ni même qu'il ait seulement jamais cherché à le savoir. Il est certain que ce ne furent ni la liberté, ni le mystère, ni la beauté de ce sport qui l'attirèrent – plus qu'autre chose, semblables notions lui faisaient peur. A avoir, semble-t-il, toujours été dénué de la moindre aptitude au plaisir, comment aurait-il pu même seulement reconnaître ces choses s'il les avait rencontrées sur sa route ? Il est probable qu'il n'y aurait vu que désordre agaçant et se serait aussitôt empressé d'ajouter un exercice de gym de plus à son programme d'entraînement.

Cela étant, qu'est-ce qui d'abord l'amena au football ? Je n'en suis pas sûr. Lorsque, deux ou trois semaines après la fête en l'honneur de Maxie, son frère qui le cherchait enfin nous trouva et que je lui demandai comment tout cela avait commencé, il se contenta de me répondre ainsi :

«Je crois que c'était surtout pour relever le défi. Le football, c'était là où il était le plus mauvais. Enfin…ça et les filles. Il y avait des tas d'autres choses où il était bon. Tenez, écraser des pommes de terre, par exemple. Ou débattre de quelque chose avec quelqu'un. Etudier. On pensait tous qu'il finirait prof ou avocat. Dick était toujours très réservé. C'était le studieux de la bande, toujours à bosser des trucs pendant que nous, on faisait la foire. Sauf que ce qu'il faisait bien, il n'y prenait aucun plaisir et que ce qu'il faisait mal le mettait en colère.»

Robert Coover,
*Une éducation en Illinois*,
Editions du Seuil, 1986

**Au base-ball, il faut cueillir la balle comme un don du ciel**

[…] Je me revois un dimanche matin lançant une balle de base-ball à mon père puis attendant vainement de la voir s'envoler très très haut au-dessus de ma tête. J'ai huit ans et pour mon anniversaire j'ai reçu mon premier gant et ma première balle dure et une batte réglementaire que je n'ai même pas la force de balancer autour de moi. […]

Nous sommes sur le grand terrain de sport derrière mon école. Il [mon père] pose son registre par terre et s'avance jusqu'à la plaque de but avec son manteau et son feutre marron à bords roulés. Il arbore des lunettes carrées à monture d'acier et ses cheveux (que j'ai maintenant) sont un magma broussailleux dont la couleur et la texture évoquent la paille de fer; et ces dents, qui passent toute la nuit au fond d'un verre dans la salle de bains, souriant à la cuvette des waters, maintenant me sourient à moi, le chéri de son cœur, sa chair et son sang, le petit garçon sur la tête de qui jamais ne tombera une goutte de pluie. «Allez, Super Champion», dit-il, et il empoigne ma batte réglementaire neuve à peu près au milieu – et à mon étonnement en plaçant la main gauche où devrait se trouver la droite. Je suis soudain submergé par une tristesse sans nom. Je veux le prévenir, *Hé, tu te trompes de main*, mais j'en suis incapable, j'ai peur de me mettre à pleurer – ou qu'il pleure, lui! «Allez, vas-y, Champion, lance ta balle», me crie-t-il. Je la lance et bien entendu découvre qu'en plus de tous les autres doutes qui commencent à m'assaillir au sujet de mon père, il n'est pas non plus «King Kong» Charlie Keller.[…]

Connaissez-vous un peu le base-ball? Parce que le centre est comme un poste d'observation, une sorte de tour de contrôle d'où l'on peut observer tout et tous, comprendre ce qui se passe à l'instant précis où la chose se passe, non seulement au bruit de la batte qui frappe, mais par la rafale de mouvements qui se propage parmi les servants de base à la seconde même où la balle vole dans leur direction, et dès qu'elle les a dépassés. «C'est à moi», vous criez, «c'est à moi», et vous vous ruez à la poursuite. Car, au centre-champ, si vous pouvez l'atteindre, elle *est* à vous. Ah, quelle différence avec la maison d'être au centre-champ où nul ne s'appropriera ce que j'ai déclaré *mien!* Malheureusement j'étais un batteur trop nerveux pour être admis dans l'équipe du lycée. J'avais essayé de reprendre et manqué des mauvais lancers si souvent pendant les épreuves d'admission en équipe de première année que l'entraîneur, ironique, avait fini par me prendre à part pour me demander, «Dis donc, fiston, tu es bien sûr que tu ne portes pas de lunettes?» et m'avait ensuite renvoyé. Mais quelle forme je tenais! Quel style j'avais! Et dans ma catégorie promotion de *softball* où la balle est simplement un peu plus lente et un peu plus grosse, je suis l'étoile que je rêvais de devenir pour l'école entière. Bien entendu, toujours dans mon ardent désir de perfection, je manque trop fréquemment mes coups; mais quand je touche la balle, elle part à des distances incommensurables, Docteur, elle s'envole par-dessus les grillages et on appelle ça un «complet». Oh, et il n'y a vraiment rien dans l'existence, rien du tout, qui puisse se comparer au plaisir de doubler la deuxième base au petit trot, parce que ce n'est plus la peine de se presser, parce que cette balle que vous venez de frapper a filé hors de vue dans les airs… Et je pourrais jouer dans la défense aussi, et plus loin je dois courir, mieux c'est. «Je l'ai! Je l'ai! Je l'ai!» et me ruer sur la seconde base pour capter au creux de mon gant – et à peine à deux centimètres du sol – une balle boulet de canon, basse et d'une trajectoire parfaite, un coup sur base, penserait-on, ou encore je me replierais, «Je l'ai, je l'ai…» je me replierais sans effort, gracieusement, vers ce grillage, d'une foulée pour ainsi dire lente, et puis j'aurais cette délicieuse sensation à la Di Maggio de cueillir la balle comme un don du ciel lancé par-dessus l'épaule…

Joe Di Maggio.

ou alors en galopant! pivotant! bondissant! comme le petit Al Gionfriddo – un joueur de base-ball, Docteur, qui un jour a fait une très grande chose… ou encore je serais campé, très calme, détendu – sans un frémissement, d'une sérénité totale, je me tiendrais là sous le soleil (comme si je me trouvais au milieu d'un terrain vide ou si je tuais le temps au coin de la rue) je me tiendrais sans l'ombre d'un souci au monde en plein soleil, comme mon roi des rois, le Seigneur mon Dieu, le Duke lui-même (Snider, Docteur, il se peut que ce nom revienne dans mon récit) debout, aussi tranquille et décontracté, aussi heureux que je ne le serai jamais, attendant tout seul sous une fulgurante balle haute (une étoile filante, j'entends dire à Red Barber qui suit la partie derrière son microphone) expédiée vers Portnoy (Alex, *dessous, dessous*) et j'attends là simplement que la balle tombe dans le gant que je tends vers elle et vlan, la voilà, floc! le troisième joueur sorti! (*Alex à la réception pour le troisième et, chers amis, voilà notre vieux C.D., le porte-parole des tabacs P. Lorillard and Co.*) et puis, d'un seul mouvement, pendant que ce vieux Connie nous apporte un message des Old Golds, je démarre vers le banc, tenant cette fois la balle des cinq doigts de la main gauche, nue, et quand j'arrive au carré – après avoir écrasé du pied le sac qui marque la deuxième base –, je la lance en douceur d'une simple secousse du poignet à l'intercepteur de l'équipe adverse qui s'amène au pas de course sur le terrain et toujours sans rompre la cadence, je fais tout le trajet d'une longue foulée élastique, les épaules effacées, la tête pendante, les pieds un tantinet en dedans, les genoux montant et descendant au ralenti dans une imitation en tout point parfaite du Duke.

Oh, l'inaltérable nonchalance de ce jeu! Il n'y a pas un mouvement que je ne connaisse jusqu'au tréfonds de mon tissu musculaire et de mes articulations. Comment me pencher pour ramasser mon gant et comment le rejeter de côté, comment soupeser la batte, comment la tenir, la porter et la balancer en arc de cercle, comment élever cette batte au-dessus de ma tête, fléchir et décontracter les épaules et le cou avant de prendre position et de planter les deux pieds exactement à la place qui leur est dévolue sur la plaque de but – et comment, lorsque je reprends une bonne balle (ce que j'ai tendance à faire, elle se balance si joliment sur les mauvais lancers) de sortir et de manifester ne fût-ce qu'en tapotant légèrement le sol du bout de la batte, la dose adéquate d'exaspération vis-à-vis des autorités… Oui, chaque petit détail si minutieusement étudié et possédé sur le bout du doigt qu'il est tout simplement hors du domaine des possibilités que puisse surgir une quelconque situation dans laquelle je ne saurais pas ce qu'il faut faire, et où, ce qu'il faut dire ou taire. Et il est vrai, n'est-ce pas? – incroyable mais apparemment vrai – qu'il y a des gens qui connaissent dans la vie cette aisance, cette sûreté de soi, cette adhésion simple et totale à l'événement en cours que je ressentais, moi, au poste de centre-champ pour les Seabees? Parce que ce n'était pas, voyez-vous, qu'on était le meilleur centre-champ imaginable mais seulement qu'on savait très exactement jusqu'à la moindre particularité quel devait être le comportement d'un centre-champ, et il y a des gens comme ça qui circulent dans les rues des Etats-Unis d'Amérique? Je vous le demande, pourquoi ne puis-je être l'un de ceux-là? Pourquoi ne puis-je exister aujourd'hui comme j'existais là-

bas pour les Seabees, à mon poste de centre-champ? Oh, être un centre-champ, un centre-champ et rien de plus! […]

Le dimanche matin, lorsqu'il fait assez chaud, vingt des hommes du quartier […] font une série de parties de softball en sept manches qui, commencées à neuf heures du matin, s'achèvent vers une heure de l'après-midi, l'enjeu de chaque partie étant d'un dollar par tête. L'arbitre est notre dentiste, le vieux docteur Wolfenberg; *le* «diplômé» de collège du quartier – l'école du soir dans High Street, mais pour nous l'égal d'Oxford. Parmi les joueurs, il y a notre boucher, son frère jumeau notre plombier, l'épicier, le propriétaire de la station-service où mon père prend son essence – tous s'échelonnent de trente à cinquante ans, bien que je ne les évoque pas par rapport à leur âge, mais seulement comme «les hommes». Sur la plaque de but et même sur celle du lanceur, ils roulent des mâchoires autour de trognons de cigares détrempés. Pas des gamins, voyez-vous, mais des hommes. Du ventre! Du muscle! Des avant-bras noirs de poils! Des crânes chauves! Et puis les voix dont ils sont pourvus – des canons que l'on entend tonner depuis notre perron, un bloc plus loin. J'imagine leurs cordes vocales épaisses comme des fils d'étendage, des poumons du volume de zeppelins! Personne n'a besoin de leur dire de cesser de marmonner et de parler clairement, jamais! Et les énormités qu'ils profèrent! Le bavardage sur le terrain n'est pas du bavardage, c'est de l'ergotage et (pour ce petit garçon qui commence tout juste à apprendre l'art du ridicule) hilarant, en particulier les insultes qui émanent de cet homme que mon père a baptisé «le Russe maboul», Biderman, propriétaire de la confiserie du coin (et officine de book) qui a mis au point un lancer «hésitation» à double détente non seulement très drôle, mais très efficace. «Abracadabra», dit-il et il expédie sa balle avec une force à vous casser les reins. Et il est toujours en train d'asticoter le docteur Wolfenberg : «Etre miro pour un arbitre, d'accord, mais pour un dentiste?» A cette idée, il se frappe le front avec son gant. «Un peu de tenue, fumiste», rétorque le docteur Wolfenberg, très Connie Mack avec ses souliers deux tons à perforations et son panama, «ouvre le jeu, Biderman, à moins que tu veuilles te faire virer d'ici pour incorrection!» «Mais comment qu'on t'apprend dans cette école dentaire, Doc, en braille?»

Pendant ce temps-là, du fin fond de l'extra-champ parviennent les plaisanteries de l'un d'eux qui ressemble plus à un gâcheur de plâtre qu'à un Homo Sapiens, le roi des camelots, Allie Sokolow. Le *pisk* qu'il peut faire! (comme dirait ma mère). Pendant la moitié d'une manche, l'invective coule à flots en direction de la plaque de but de sa position de centre arrière et quand c'est à son équipe de prendre la batte il va se placer près du servant de première base et l'invective coule à flots ininterrompus dans la direction opposée – et rien de tout ça ne concerne en quoi que ce soit les contretemps qui pourraient intervenir sur le terrain. Tout au contraire. Mon père, quand il n'est pas parti travailler le dimanche matin vient s'asseoir pour regarder quelques manches avec moi; il connaît Allie Sokolow (comme il connaît la plupart des joueurs) depuis qu'ils étaient gosses ensemble au Central Ward, avant qu'il rencontre ma mère et aille s'installer à Jersey City. Il affirme qu'Allie a toujours été comme ça, «un vrai comique». Quand Allie fonce sur la deuxième base, glapissant ses insanités et ses astuces vaseuses en direction de la plaque de but (où il n'y a même pas encore de batteur – où le docteur Wolfenberg est simplement en train d'épousseter la plaque avec la balayette qu'il amène sur le terrain), les spectateurs dans les tribunes ne pourraient pas être plus ravis; ils s'esclaffent, ils applaudissent, ils vocifèrent. «Vas-y, chambre-le, Allie! Lâche-lui le paquet, Sokolow!» Et invariablement, le docteur Wolfenberg, qui se prend un tout petit peu plus au sérieux que l'amateur moyen (et qui est Juif allemand, par-dessus le marché), lève une main, interrompant une partie déjà interrompue par Sokolow, et dit à Biderman : «Veux-tu, je te prie, faire ressortir ce *meshuggener* dans l'extra-champ?»

Je vous le dis, c'est une troupe irrésistible! Je m'assieds sur les gradins de bois le long de la première base, humant cet aigre arôme printanier au creux de mon gant de base-ball – sueur, cuir, vaseline – et je me tirebouchonne. Je ne peux pas m'imaginer vivant ma vie ailleurs qu'ici. Pourquoi m'en aller,

Joueurs de base-ball à l'entraînement.

pourquoi partir alors que se trouve ici tout ce dont j'aurai jamais envie? L'art de mettre en boîte, de plaisanter, de cabotiner, de feindre – n'importe quoi pour faire rire! J'adore ça! Et pourtant tout au fond d'eux-mêmes, ils sont sérieux, ils y croient dur comme fer. Vous devriez les voir à la fin des sept manches quand ce dollar doit changer de main. Ne me dites pas à *moi* qu'ils n'y croient pas dur comme fer! Perdre et gagner, ça n'est pas une rigolade… et pourtant c'en est une! Et c'est là ce qui me charme le plus. Si farouche que soit la compétition,ils ne peuvent s'empêcher de faire les pitres et de discutailler. De faire leurs numéros! Comme je vais aimer grandir pour devenir un homme juif! Vivre à jamais dans le quartier de Weequahic et jouer au softball sur Chancellor Avenue de neuf heures à une heure le dimanche, une parfaite combinaison de rigolo et de joueur acharné, de mariole ergoteur et de redoutable matraqueur de balles.

Philippe Roth,
*Portnoy et son complexe,*
Gallimard, 1970

# Sports et médias, même combat

*La presse, puis la radio et la télévision, ont largement contribué au succès des sports aux Etats-Unis. Peut-être parce que le sport est aux yeux des médias un spectacle idéal.*

L'entraîneur de football Knute Rockne au micro de C.B.S.

### Plus respectés que le service religieux du dimanche matin

Non seulement les médias et les sports (américains) sont liés mais ils se ressemblent : ils répondent à des besoins semblables par des moyens similaires [...].

Plus importante sans doute que leur conjonction économique est la profonde ressemblance entre le sport-spectacle et les produits de média. On a dit des sports qu'ils étaient l'émission idéale pour la télévision, ce «*least objectionable program*», cette émission le moins susceptible de déplaire, que recherchent toujours les *networks.* L'explication en est que ces émissions sportives participent de tous les autres genres, ou presque :

– de l'*information* locale, nationale et internationale – et de la meilleure, toujours différente et toujours semblable, stimulante et rassurante. Etant à la fois prévue et imprévisible, elle peut être aisément couverte en direct et elle est très appréciée par le public, entre autres raisons parce qu'elle ne déclenche aucun antagonisme religieux ou politique. En outre, il arrive que le sport relève des *public affairs programs* quand ses problèmes envahissent l'actualité : grèves, faillites, racisme, scandales divers;

– des *jeux* : selon des règles connues de tous, des individus ou des équipes s'affrontent, sans esprit belliqueux ou partisan – et le résultat, qui n'est jamais connu d'avance, apparaît toujours clairement;

– des *feuilletons* : plus ou moins les mêmes acteurs jouent dans la même interminable histoire aux rebondissements nombreux et tous générateurs d'émotion, quand même ils relèvent de stéréotypes;

Un reporter de la radio sur un champ de courses.

– des *séries d'«action»* : les mêmes personnages, des bons et des méchants, appartenant à quelques types simples et anciens, se livrent des combats violents (mais très contrôlés – même répétés à l'avance dans le cas du catch) au cours d'une intrigue peu originale mais toujours différente dont la résolution intervient au bout d'un temps fixé;

– des *variétés* : dans un décor impressionnant, des vedettes, parfois des super-stars (comme naguère Joe Di Maggio, devenu un temps le mari de Marilyn Monroe) font leur numéro connu. Tous les seconds rôles sont jeunes et beaux. Comme sur une scène de music-hall, danseuses court vêtues et musiciens en habits d'opérette évoluent dans un spectacle soigneusement mis au point.

Le seul genre qui soit absent est la *situation comedy* si populaire à la télévision américaine.

Séparément, les médias et les sports exercent des fonctions parallèles dans la société américaine; ils ont, par exemple, offert à des individus de minorités sous-privilégiées la chance de s'élever. Cela a été vrai pour les Irlandais, les Juifs, les Italiens et les Noirs, qu'ils fussent boxeurs ou musiciens. Mais surtout les sports et les médias agissent de concert. Les médias ont extraordinairement amplifié le rôle des sports dans la société – tandis que les sports offraient aux médias un matériau superbement adapté à leurs besoins.

Les sports, de même que les médias, fournissent du divertissement. Après les tensions de la vie quotidienne, ils procurent la détente, indispensable dans une société hétérogène, anonyme et terriblement compétitive. Le sport médiatisé, qui se place à la portée de tous, même des ruraux isolés, des pauvres, des vieux et des handicapés, procure une distraction simple, gratuite, saine. Pour beaucoup, le sport offre plus, une expérience extatique. L'individu échappe à l'obsession de la mort : le temps est suspendu. Il s'identifie à ses héros, passe dans une autre dimension, en tire une intense jouissance. Le sport médiatisé est le plus populaire des accès rituels collectifs au sacré, plus respecté que le service religieux du dimanche matin (lui-même désormais souvent suivi à la télévision). Pour certains citoyens, l'univers sacré du sport en vient à occulter le monde profane : les saisons naturelles le cèdent aux saisons sportives, les fêtes nationales et traditionnelles aux grands événements sportifs.

Sport et médias assurent également une fonction d'intégration. Les médias socialisent : ils transmettent d'une génération à l'autre l'«idéologie» américaine, un amalgame des valeurs profondes de la société, un évangile auquel un enfant ou un immigré doit se convertir pour devenir un Américain. Cette idéologie n'est pas simple. D'abord, les médias et les sports reflètent les uns et les autres l'évolution de la société américaine. De même que dans les années 60 la télévision a abandonné les westerns au profit des séries policières, le football a détrôné le base-ball qui, lui aussi, reflète une Amérique plus ancienne, rurale, détendue, individualiste.

Certains ont prétendu que le football offrait une excellente formation pour le monde des affaires[1]. Pour d'autres, il reflète le monde capitaliste dans son ensemble. «Le football professionnel reflète l'expérience qu'ont ses amateurs de l'univers du travail. La plupart des Américains maintenant travaillent dans de grosses sociétés ou des universités, et le football est un sport où l'on retrouve les valeurs des grandes bureaucraties privées ou publiques : organisation rationnelle, spécialisation et coordination»[2]. Mais Lasch, de son côté, considère que l'idéologie prétendument concrétisée par le football n'est en aucune manière adaptée au capitalisme moderne[3].

En fait, comme l'idéologie que véhiculent les médias dans leur information et leur divertissement, celle que manifestent les sports est polyvalente. La veine puritaine (se purifier par l'effort et la souffrance) est présente, comme la veine darwiniste (se battre toujours pour être le plus fort) ou la veine progressiste (atteindre à la santé, la joie et la paix). Le sport médiatisé a l'avantage sur la plupart des autres divertissements de médias qu'il ne relève pas du produit manufacturé, essentiellement négligeable. Et de surcroît, il n'est pas marqué politiquement ou religieusement.

Il faut souligner que l'«éducation» idéologique du citoyen est beaucoup plus importante aux Etats-Unis qu'ailleurs. Premièrement, parce que cette «idéologie », cette foi dans l'Amérique, est le lien principal qui unit tous les Américains; et, deuxièmement, parce que les institutions d'ordinaire chargées d'éduquer le font moins. La famille est déliquescente. Les Eglises ont perdu beaucoup de leur influence – et les écoles sont en crise. Héros/demi-dieux du stade destinés à ces olympes que sont les *Halls of Fame*[4], s'affrontent en des combats mythiques répétés par lesquels sont réaffirmées les valeurs communes. En y participant, ne fût-ce que par de petits rites comme les acclamations, le *hot dog* au stade ou le *seventh inning stretch*

---

1. R. Michael Real, *Mass Mediated Culture,* Englewood Cliffs (NJ), Prentice-Hall, 1977.

2. Benjamin G. Rader, *In its Own Image : How Television Has Transformed Sports,* New York, The Free Press, 1984.

3. Christopher Lasch, *The Culture of Narcissism,* New York, Norton, 1979.

4. Chacun des grands sports américains a son *Hall of fame* qui fait office de musée, de bibliothèque et de panthéon des stars.

(quand tout le public se lève pour s'étirer, entre l'avant-dernière et la dernière manche de la partie de base-ball), le spectateur renforce son sentiment d'appartenir à la communauté, à trois communautés en fait; d'abord la localité dont il soutient l'équipe; ensuite la troupe éparpillée de tous les passionnés de ce sport et enfin la nation dans son ensemble.

Jean-Claude Bertrand,
«Sports et médias aux États-Unis»
*Esprit,* avril 1987

**La télévision par cable**

Commentateur de boxe depuis trois ans sur la chaîne ABC Sports, Bobby Yalen [...] fait partie de ces 6000 personnes employées par ABC (American Broadcasting Corporation) considérée, à peu de chose près, comme la plus importante des trois chaînes nationales devant CBS et NBC, avec ses deux cent vingt-quatre stations régionales.[...]

«ABC Sports emploie quatre cent cinquante personnes», explique Bob Apter, son vice-président administratif, entrevu au détour d'un couloir. La société, qui va atteindre ses trente ans d'âge en 1991, a acquis son prestige au travers notamment de neuf Jeux olympiques (été comme hiver), mais son impact sur le territoire des Etats-Unis est généré par le sport roi, le football américain.

«Sur les quatre cent cinquante heures de sport diffusées l'an passé, le football pro occupe l'espace le plus important avec soixante-huit heures de retransmission», reprend Bob Apter.

«Devant quoi?

»Eh bien, devant le football

universitaire, deuxième avec cinquante huit heures d'images. Vient ensuite notre émission hebdomadaireWorld Wide of Sports, émission multisports, qui a totalisé quarante-cinq heures en 1989. Cela dit, objecte-t-il, tous les sports représentent une priorité chez nous. Le football américain un peu plus que les autres.»

En revanche, chez CBS on met l'accent sur le basket universitaire. Et quel accent! Le récent contrat signé entre CBS et la NCAA, l'instance suprême du basket universitaire et portant sur six années à partir de 1991, a été cosigné sur la base d'un milliard de dollars, CBS prenant ainsi le relais d'ESPN, chaîne câblée sportive qui possède cinquante et un millions d'abonnés. Pratiquement la population française…

En clair, quatre-vingts pour cent de la couverture audiovisuelle sportive tournent autour de trois grands axes : le football américain (de septembre à janvier), le basket-ball (de février à mai), et le base-ball (de juin à septembre). Les trois grandes chaînes ne se marchent pas sur les pieds, pour faire plaisir à leurs téléspectateurs et pour faire aussi leur beurre, la concurrence se situant dans l'acquisition des grands événements.

«Notre créneau de diffusion des sports se cantonne principalement aux samedis et dimanches après-midi», finit Bob Apter, visiblement préoccupé par la charge de travail qui l'attend.

L'autre préoccupation, plus générale celle-là, concerne l'explosion du réseau par câble, qui prend une part de plus en plus importante du gâteau.

«Les réseaux nationaux occupent toujours le devant de la scène en matière sportive, mais il est clair que la multitude des chaînes câblées est un vif sujet d'inquiétude», commente Dennis Lewan, vice-président chargé de la production d'ABC Sports et entrevu à l'improviste près de la salle des télex.

«Jusqu'au début des années 80, CBS, NBC et ABC se partageaient pratiquement la totalité de l'audience américaine. Actuellement, cette prédominance est tombée à moins de soixante pour cent. Deux choses jouent contre nous : d'abord, le système, qui accorde l'autorisation à une chaîne câblée d'"arroser" telle zone avec son consentement. Une fois le contrat signé, on ne peut plus revenir dessus. La concurrence n'existe plus. Ensuite, le mode de fontionnement de la société Nilsson, qui évolue continuellement en raison du changement de paysage audiovisuel. Mais ça, on n'y peut rien.»

Nilsson, c'est notre Audimat et, comme en France, les analyses de cet organisme font la pluie et le beau temps sur les finances des réseaux de télévision.

«Imperceptiblement, l'audience générale des chaînes nationales s'amenuise peu à peu. Prenez New York, on peut y capter sept chaînes conventionnelles et une trentaine de chaînes câblées. Dans certaines zones des Etats-Unis, un téléspectateur peut recevoir jusqu'à cent chaînes.» Moyennant finances, bien sûr.

Le forfait mensuel d'un abonnement est de 20 dollars (180 francs environ), mais le tarif est dégressif dans le cas de plusieurs abonnements. L'Américain moyen paie ainsi 65 dollars par mois pour capter six chaînes câblées. Dans le contexte du sport, HBO, mais aussi TNT ou Sports Channel, se taillent la part du lion.

Autre possibilité, le *pay-Per-view,* c'est-à-dire un abonnement ponctuel (effectué par téléphone) pour un événement. Ainsi, lors du combat de boxe ayant opposé George Foreman à

Joe Montana, la star du football, assailli par les journalistes.

Gerry Conney, le 15 janvier dernier, à Atlantic City, le téléspectateur intéressé a dû débourser 19,95 dollars.

Dans tout ce magma d'images, il n'est donc pas rare de passer une soirée «sportive» non-stop devant la boîte magique, pour peu qu'on ait quelques dollars en trop dans le ménage. De toute façon, il y en a pour tout le monde, car «jamais la télévision n'a été autant regardée aux Etats-Unis qu'actuellement», confirme Dennis Lewan, avant de regagner à la hâte son bureau.

Pas même eu le temps de dire au revoir à Bobby, invisible dans les couloirs. Trop occupé, sans doute.

Pierre Ballester
*L'Equipe,* janvier 1990

# Les présidents américains et le sport

Ci-dessus, Calvin Coolidge, en 1925, lance la balle au match d'ouverture de la saison de base-ball.

Harding au golf (à gauche) et Truman à la pêche, (à droite).

Ci-dessus, Eisenhower ouvre la saison de base-ball à Washington en 1957 (derrière lui : Richard Nixon, alors vice-président). Ci-dessous J.F. Kennedy en 1961.

Kennedy en 1963 et Lyndon B. Johnson, à cheval, en 1964.

Richard Nixon au bowling, Gerald Ford au tennis, Jimmy Carter à la batte, et Ronald Reagan.

# Les Indiens jouent aussi au football

*Sans renier leurs origines et leurs particularismes, les Indiens Hopis sacrifient eux aussi au culte du sport spectacle.*

L'équipe de football de la Hopi High School se reconvertit au basket en hiver.

## Les Hopis sortent de leurs réserves

Le football n'est pas une nouveauté chez les native Americans (les Indiens), comme on les appelle pudiquement ici. Au tout début du siècle, l'équipe de l'université indienne de Carlisle, en Pennsylvanie, était l'une des plus réputées des Etats-Unis. Et, selon les avis autorisés, le plus célèbre joueur de tous les temps n'est autre que sa star [...] Wa-tho-huck [...] alias James Thorpe. Un Sauk-Fox de père irlandais (à qui la Warner Bros a consacré un film réalisé par Michael Curtiz en 1951, avec Burt Lancaster et Charles Bickford), par ailleurs champion olympique du pentathlon et du décathlon à Stockholm en 1912 [...]. Et dans toutes les réserves, Apaches, Navajos, Comanches, chaque collège possède sa propre équipe : « Aux Etats-Unis, il est totalement inconcevable de penser *high school* sans football. C'est une véritable passion. Indien ou non, tout le monde adore ça. » Ce qui est neuf en revanche, c'est l'introduction de ce sport de combat dans l'environnement hopi.

Peu belliqueux, traditionalistes et sédentaires, les Hopis, comme la plupart des tribus pueblos, à l'exception de quelques batailles contre l'envahisseur espagnol à la fin du XVIe siècle, se sont toujours tenus à l'écart des guerres contre les Blancs. D'autant que l'aridité de leur terre (avant que l'on n'y découvre – dans ce qui était encore à l'époque partie de la réserve navajo – charbon et uranium) n'a jamais attiré en masse les exterminateurs étrangers. Précurseurs du mouvement hippie [...], les Hopis sont donc, par essence, relativement pacifistes. L'essentiel de leurs activités physiques se résumant à la course, tradition ancestrale [...] assimilée à la religion. C'est ainsi que l'on parle encore avec émotion de Louis Tewanima, du clan du Sable, deuxième des 5000 et 10000 mètres olympiques de Stockholm, en 1912 [...].

Le problème, c'est qu'on ne bâtit pas une équipe de football américain à partir d'une poignée de marathoniens surdoués. Il faut de la viande. Du gabarit. Agressif, de préférence : «Ce n'est pas simple, reconnaît Chuck Otterman, il est vital de leur insuffler notre propre agressivité pendant toute la durée du match. De leur inculquer l'instinct de balancer quelqu'un par terre, de le démoraliser physiquement. Quand j'ai débuté comme entraîneur, je me suis aperçu que, pour eux, perdre n'avait pas une grande importance. Or, si l'on veut gagner, il faut détester perdre. J'ai donc essayé de travailler dans ce sens. Sans que ça ne devienne une obsession. Peu à peu, ils trouvent plus de plaisir dans la victoire, et la défaite les indiffère moins qu'avant. Aujourd'hui, ils ont la réputation de jouer dur. Sans méchanceté gratuite, mais dur.»

Ce qui, en contrepartie suscite de nombreuses inquiétudes de la part des traditionalistes de la tribu, qui considèrent d'un très mauvais œil ce conditionnement physique : «Ça s'est un peu calmé, mais au départ j'ai eu beaucoup d'accrochages avec les parents. Ils se plaignaient que je criais tout le temps, que je harcelais les gosses, que j'en faisais un peu trop sur le plan discipline.»

Autre point délicat : la religion. Une religion qui tient une place considérable dans le mode de vie hopi : «Ce n'est pas comme chez les chrétiens où l'on va à l'église le dimanche de 9 à 11 et où, souvent, les valeurs religieuses n'ont pas autant d'importance que le football. Une cérémonie hopi peut durer tout un week-end et tomber un jour d'entraînement. Il faut s'en accommoder, ce qui n'est guère évident.» Le basket n'est pas en reste d'ailleurs. Les croyances de la tribu voulant que, de novembre à février (en pleine saison), les démons se tiennent prêts à surgir de la terre, pour peu qu'on les appelle en sautant ou en faisant rebondir quelque chose sur le sol. [...]

La saison de football dure, elle, du 7 août au 2 novembre; quand elle est terminée, les joueurs soulèvent des poids en prévision de la suivante. Encore une fois non sans réticence. «Les gosses ne voient pas l'utilité d'un programme de musculation», se lamente Chuck. «Pourtant elle existe. Quand on va dans les écoles blanches, je suis obligé de leur dire de jouer par le bas, sinon, ils se font laminer. Ils n'ont aucune force dans la partie supérieure du corps. Ce qui les empêche de faire des choses physiquement essentielles au football. Et pourtant, nous nous débrouillons bien quand même.» Effectivement, l'équipe de football de la Hopi High School se débrouille on ne peut mieux. Avec l'arrivée de Chuck, et grâce au talent de l'un des meilleurs *quarterbacks* de la région, Garratt Huma, seize ans, depuis deux saisons elle accumule les bons résultats, en dépit de ses faiblesses, physique (parmi les Indiens, qui ne sont déjà pas très baraqués, les Hopis sont les plus frêles) et numérique (contrairement à toute logique, du fait de la rareté de l'effectif – une vingtaine d'athlètes – les mêmes joueurs occupent, à tour de rôle, un poste offensif ou défensif).

Serge Loupien
«Les Hopis adoptent le foot malgré leurs réserves»
*Libération,* février 1990

# Le football américain vu par un Français

*Ex-rugbyman, Richard Tardits est le premier professionnel français à avoir été admis dans le championnat américain. Une consécration qui n'est pas de tout repos.*

**L'enfer des «training camps»**

Vu de loin, de France par exemple, le football américain ressemble beaucoup au rugby, un peu à la boxe, pas du tout au football. Il se joue à onze, mais il n'est pas rare de voir chacun des quarante-sept joueurs de l'équipe entrer sur le terrain au cours de la partie. Le gazon présente plutôt bien, un beau vert éclatant rayé un peu partout de grandes lignes blanches. En fait de gazon, tout est synthétique. Chaque rencontre attire les foules. Et le jour de la grande finale, pompeusement appelée Super Bowl,

Richard Tardits.

c'est toute l'Amérique qui s'arrête de vivre. Il se dit même que, ce dernier dimanche de janvier, les flics et les employés du téléphone sont en chômage technique.

Vu de plus près, de l'intérieur, le football américain laisse peu de place à l'humour et à la fantaisie. Pour les joueurs, il se conçoit comme un vrai job avant de se vivre comme un sport. Chaque ballon conquis peut rapporter des fortunes mais la moindre erreur vous précipite au purgatoire. Il est d'abord un business. Un business riche et forcément sérieux.

Un Français s'est glissé dans cet univers de muscles et de dollars. Richard Tardits, 23 ans, grand, fort, jeune et biarrot, ancien international junior de rugby. Il s'y est immiscé d'abord timidement, avec toute l'humilité qu'un étranger se doit d'avoir au moment d'enfiler ses premiers maillots. Tardits a débuté en 1985 à l'université, celle de Géorgie, à Athens. Débuts brillants. Au point de se faire remarquer par la noria des agents recruteurs des équipes professionnelles de la NFL (National Football League). L'été dernier, celui des Phoenix Cardinals a parlé plus fort que les autres pendant la grand-messe de la *draft,* cette foire aux bestiaux du foot US, au cours de laquelle les meilleurs des joueurs universitaires sont évalués, auscultés, pesés… puis achetés par les entraîneurs et les médecins des équipes de la NFL.

Richard Tardits «drafté» par les Phoenix Cardinals, un événement historique. Il est le premier Français autorisé à porter un maillot, un casque et sur ses épaules quelques espoirs d'une équipe pro de football américain. Il a vécu l'enfer des *trainings camps,* la joie des premiers matchs, les ordres des entraîneurs et l'indifférence des autres joueurs. Une saison complète. Douze mois de découvertes dont Richard Tardits nous détaille les différentes phases.

MARS. «Les premiers entraînements de la saison démarrent à la mi-mars. On commence par trois cycles de préparation physique, de vingt-cinq jours chacun. Pendant cette période, on ne touche jamais le ballon. C'est simplement une remise en condition physique, un peu de course, beaucoup d'haltères. Mais rien de tout ceci n'est obligatoire. On a parfaitement le droit de se préparer tout seul dans son coin. Cela dit, tous les joueurs ont intérêt à prendre part à ces premiers cycles d'entraînement, d'autant que cette participation est rémunérée.» Cette remise en jambes et en muscles est dirigée par les entraîneurs chargés de la préparation physique. Les autres, notamment le *head-coach* (l'entraîneur en chef), ne viennent que très rarement sur le stade à cette époque de l'année.

JUIN. «C'est le mois de la récupération, après les trois cycles de préparation physique. Chacun rentre chez soi, se repose, surveille son alimentation et son rythme de vie. Dans mon cas, ce fut le mois de la prise de poids. Les entraîneurs des Cardinals m'avaient clairement signifié, après m'avoir drafté, qu'il me faudrait rapidement grossir. Ils me trouvaient trop léger pour le poste de *linebacker* (ndlr : sorte de troisième ligne aile de rugby, chargé d'aller plaquer le porteur du ballon, dans un déplacement de l'extérieur du terrain vers l'intérieur). J'ai suivi très attentivement leurs conseils diététiques. En deux mois, j'ai pris 13 kilos. Je me suis retrouvé à 115 kilos.»

JUILLET. «Pendant six semaines, les cent vingt joueurs choisis par l'équipe se rassemblent pour un camp d'entraînement. C'est l'enfer qui commence. Car la finalité de ce camp est d'opérer une sélection parmi ses cent vingt joueurs, pour ne retenir que les quarante-sept qui participeront au championnat. Cette sélection se fait progressivement, jour après jour, entraînement après entraînement. Il faut se défoncer sur chaque ballon, à chaque phase de jeu, car la moindre erreur peut vous coûter votre place.

Tous les matins, le réveil est fixé à 6 heures mais tout le monde est levé une heure plus tôt car les entraîneurs passent dans les couloirs pour annoncer la mauvaise nouvelle à tous les joueurs que l'entraînement de la veille a éliminés. Dès 5 heures, on est tous réveillés pour guetter les pas du *coach,* en priant qu'il ne s'arrête pas devant votre porte.

»Lorsqu'un gars est viré, il quitte le camp par le premier avion. Son casier de vestiaire est déjà nettoyé et son nom enlevé dès 7 heures, pour le premier entraînement.

» Sur le terrain, il faut être à cent à l'heure du matin au soir. Les coups sont terribles, on se rentre dedans avec une violence inouïe. Et on ne sait jamais ce que les entraîneurs pensent de nous. Il n'y a aucune communication. Certains des gars qui viennent là n'ont aucun diplôme, ils ont une famille à faire vivre. Pour eux, gagner leur place dans l'équipe est l'unique moyen de s'assurer un salaire pour l'année. C'est un enfer. Pour moi, cela reste l'épreuve la plus difficile que j'ai eu à vivre dans toute ma vie, autant physiquement que sur le plan psychologique.»

SEPTEMBRE. «Le championnat de la NFL commence le 8, deux jours

seulement après la fin des *trainings camps.* On est tous un peu cuits mais le plus dur est fait. D'autant que cette saison ne dure que seize semaines, avec un seul match hebdomadaire. Et l'entraînement devient franchement une rigolade. En fait, on passe moins de temps à se préparer sur le terrain qu'à apprendre par cœur des combinaisons de jeu et des listings informatiques que nous pondent les entraîneurs. Ils passent leur temps devant des ordinateurs à entrer des dizaines de données sur les habitudes et les tactiques des équipes adverses. Et nous, on doit avaler tout cela. Avant chaque rencontre de championnat, il nous faut tout savoir sur les tics, les forces et les faiblesses de nos vis-à-vis sur le terrain. Le football américain n'est pas du tout un sport d'improvisation, comme le rugby ou le football à l'européenne.[…] Les entraîneurs commandent la manœuvre depuis le banc de touche. Et nous, sur le terrain, on obéit aux ordres. Par moment, cela me fait penser à une immense partie d'échecs avec des pions animés.»

JANVIER. «Fin de championnat, avec la finale du Super Bowl le dernier dimanche du mois. J'ai fait le compte : en une saison, je n'ai pas touché une seule fois le ballon. D'ailleurs, je ne l'ai jamais touché en cinq années de football américain aux Etats-Unis. Pas même en université. Cela n'a rien d'exceptionnel : sur les quarante sept joueurs d'une équipe, seuls six ou sept d'entre eux ont l'occasion d'avoir la balle en main pendant un match. Les autres jouent sur leur adversaire direct.»

Alain Mercier
«Foot US et coutumes»
*Libération,* 24 janvier 1990

# Les sports à l'écran

*L'industrie cinématographique américaine a produit plusieurs centaines de films à thème sportif, principalement sur le base-ball et le football. On y retrouve les plus grands acteurs, Buster Keaton, les Marx Brothers, Gary Cooper, Anthony Perkins, Paul Newman, et, bien sûr, Ronald Reagan!*

Ci-dessus, Buster Keaton.En haut à droite l'affiche de la comédie musicale *Match d'amour* et Anthony Perkins dans *Prisonnier de la peur.*

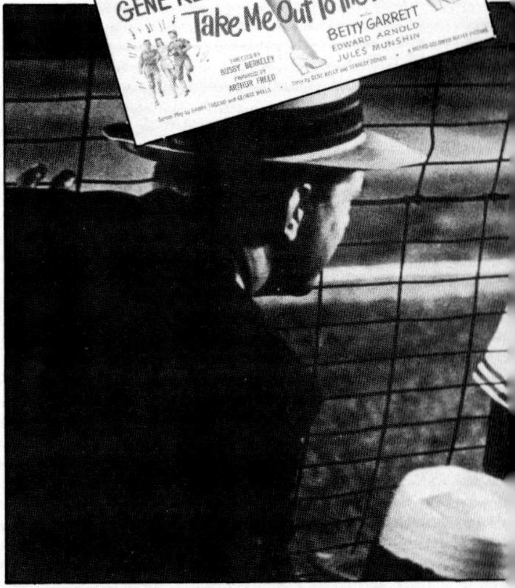

Base-ball

1910, *Baseball, that's all,* de Gaston Méliès (frère de Georges)
1927 , *Sportif par amour (College),* de James W. Horne (avec Buster Keaton)
1927, *Casey at the bat,* de Brice Monte (avec Wallace Beery)
1935, *Les rivaux de la pompe (One run Helmer),* de Charles Lamont (avec Buster Keaton)
1938, *Cadets de Virginie (Brother Rat),* de William Keighley (avec Ronald Reagan)

Gary Cooper, en haut, incarne le champion de base-ball Lou Gehrig dans *Vainqueur du destin.* Ci-dessous, Robert Redford dans *Le Meilleur.*

1941, *L'Homme de la rue (Meet John Doe)* de Frank Capra (avec Gary Cooper)
1942, *Vainqueur du destin (The pride of the Yankees),* de Sam Wood (avec Gary Cooper en Lou Gehrig)
1948, *The Babe Ruth story,* de Roy Del Ruth
1949, *Match d'amour (Take me out to the ball game),* de Busby Berkeley (avec Gene Kelly et Frank. Sinatra)
1949, *Un Homme change son destin (The Stratton story)* de Sam Wood (avec James Stewart )
1950, Kill the Umpire, de Lloyd Bacon (avec William Bendix)
1950-51, *The Jacky Robinson Story,* de Alfred E. Green (avec J. Robinson dans son propre rôle)
1952, *Winning team,* de Lewis Seiler (avec Ronald Reagan et Doris Day)
1953, *The big Leaguer,* de Robert Aldrich (avec Edward G. Robinson)
1957, *Prisonnier de la peur (Fears strikes out),* de Robert Mulligan (avec Anthony Perkins et Karl Malden)

En haut, les Marx Brothers sur une mêlée de footballeurs dans *Plumes de cheval.* Ci-dessous Elliot Gould et Donald Sutherland dans *M.A.S.H.* et Burt Reynolds dans *Plein la gueule.*

1958, *Damn Yankees,* comédie musicale de G. Abbott et S. Donen (avec Tab Hunter)
1971, *La cérémonie,* de Nagisa Oshima
1984, *Le Meilleur (The Natural),* de Barry Levinson (avec Robert Redford)
1988, *Les coulisses de l'exploit (Eight men out),* de John Sayles
1989, *Jusqu'au bout du rêve (Field of dreams),* de Phil Alden Robinson (avec Kevin Costner et Burt. Lancaster)
1989, *Les Indians (Major League),* de David Ward

Football américain

1925, *Vive le sport (The freshman),* de Taylor et Newmeyer (avec Harold Lloyd)
1929, *Salute,* de John Ford (avec John Wayne)

1929, *The forward pass,* de Eddie Cline (avec Douglas Fairbanks)
1932, *Plumes de cheval (Horse feathers),* de Norman Mc Leod (avec les Marx Brothers)
1940, *Knute Rockne, All-american,* de Lloyd Bacon (avec Ronald Reagan)
1951, *Le chevalier du stade (Jim Thorpe, All-American),* de Michael Curtiz (avec Burt Lancaster)
1953, *Un homme pas comme les autres (Trouble along the way),* de Michael Curtiz (avec John Wayne)
1966, *La grande combine (The fortune cookie),* de Billy Wilder (avec Jack Lemmon)
1969, *M.A.S.H,* de Robert Altman (avec Donald Sutherland)
1974, *Plein la gueule (The longest yard),* de Robert Aldrich (avec Burt Reynolds)
1977, *Black sunday,* de John Frankenheimer
1978, *Le ciel peut attendre (Heaven can wait),* de W. Beatty et B. Henry
1982, *L'Elu, (The chosen),* de Jeremy-Paul Kagan.

Basketball

1938, *Les anges aux figures sales (Angels with dirty faces),* de Michael Curtiz (avec James Cagney et Humphrey Bogart)
1951, *Harlem Globetrotters,* de Phil Brown
1960, *La tête à l'envers (Tall story ),* de Joshua Logan
1971, *Drive, he said,* de Jack Nicholson

Hockey sur glace

1977, *La castagne (Slapshot),* de George Roy Hill (avec Paul Newman)

Paul Newman en joueur de hockey dans *La Castagne.*

## CHRONOLOGIE

1664 : Richard Nicolls, premier gouverneur de New York, organise à Hempstead Plains (Long Island) une course de chevaux considérée comme la première compétition sportive jamais mise sur pied aux Etats-Unis.

1775 : plusieurs récits de voyage rendent compte de parties de lacrosse disputées par des Indiens Cherokee.

1788 : le pur-sang Messenger arrive d'Angleterre. A l'origine d'une importante lignée, il sera enterré avec les honneurs militaires en 1808.

1806 : une photo présente pour la première fois des étudiants de Yale jouant au football (européen).

1829 : naissance de l'*American Turf Register and Sport Magazine,* premier journal sportif américain.

1846 (19 juin) : la rencontre de base-ball disputée à Hoboken (New Jersey) entre le New York Club et les Knickerbockers de New York est considérée comme le premier match de base-ball jamais organisé.

1870 : naissance des Cincinnati Red Stockings, premier club de base-ball professionnel.

1875 (17 mai) : organisation du premier Kentucky Derby, la plus célèbre course hippique américaine.

1875 (13 novembre) : le match de football Yale-New Haven est considéré comme la première rencontre de football disputée selon des règles typiquement américaines.

1880 (24-29 septembre) : l'Anglais W. Cann remporte les premiers Six jours cyclistes organisés aux Etats-Unis.

1881 (31 août) : Richard D. Sears remporte le premier US Open de tennis à Newport (Rhode Island).

1890 (8 juillet) : John L. Sullivan remporte au bout de 75 rounds et aux dépens de Jack Kilrain le dernier match de boxe disputé à poings nus.

1893 (15 janvier) : James Naismith met au point un nouveau jeu de ballon bientôt appelé basket-ball.

1893 (7 septembre) : James J. Corbett devient officiellement le premier champion du monde de boxe catégorie poids lourds.

1895 : William G. Morgan invente le volley-ball.

1895 (4 octobre) : Horace Rawlins remporte le premier US Open de golf à Newport (Rhode Island).

1897 (19 avril) : John Mc Dermott remporte le premier marathon de Boston en 2 h 55 min 10 s.

1900 (15 avril) : A. L. Riker remporte à Springfield la première course automobile organisée aux Etats-Unis.

1900 (8-10 août) : le premier match de Coupe Davis, entre les Etats-Unis et la Grande-Bretagne (3-0), se déroule à Boston.

1903 : une première équipe professionnelle de hockey, essentiellement composée de Canadiens, est mise sur pied à Houghton (Michigan).

1903 (1-13 octobre) : les Boston Red Stockings remportent les premières World Series, championnat nord-américain de base-ball.

1904 : pour la première fois les jeux Olympiques sont organisés aux Etats-Unis, à Saint Louis.

1911 (30 mai) : Ray Harroun remporte à la moyenne de 80 km/h les premiers 500 Miles automobiles d'Indianapolis.

1915 (6 mai) : Babe Ruth, «pitcher» de Boston, marque son premier «home run». Il en marquera 714 au cours de sa carrière. Un record qui ne sera battu qu'en 1974.

1920 (17 septembre) : naissance à Canton (Ohio) de la National Football League (NFL) qui réunit douze équipes.

1925 (26 septembre) : naissance de la National Hockey League (NHL). Douze mois plus tard, les Montreal Maroons remportent la première Stanley Cup, championnat nord-américain de hockey sur glace.

1932 (30 juillet-14 août) : les Américains remportent seize médailles d'or aux jeux Olympiques de Los Angeles.

1947 (10 avril) : Jack R. Robinson devient sous le maillot des Brooklyn Dodgers le premier noir autorisé à disputer le championnat nord-américain de base-ball.

1950 (3 août) : naissance de la National Basketball Association (NBA). Les Minneapolis Lakers remportent le premier championnat national.

1967 (15 janvier) : les Green Bay Packers remportent le premier Super Bowl (finale du championnat nord-américain de football) aux dépens des Kansas City Chiefs (35-10).

1968 : les athlètes noirs Tommie Smith et John Carlos se manifestent aux Jeux olympiques de Mexico en levant le poing sur le podium du 200 mètres.

1973 (20 septembre) : Billie Jean King remporte à Houston un match de tennis appelé la «bataille des sexes» aux dépens de son rival Bobby Riggs.

1975 (3 juin) : le footballeur brésilien Pelé rejoint les rangs des New York Cosmos, leader du tout nouveau championnat des Etats-Unis de «soccer».

1975 (5 juillet) : le tennisman noir Arthur Ashe remporte le tournoi de Wimbledon.

1981 (12 juin) : le démarrage de la saison de base-ball est compromis du fait d'une grève décidée par les joueurs.

1982 (21 septembre) : le championnat de football est à son tour secoué par plusieurs mouvements sociaux.

1983 (14-26 septembre) : les Etats-Unis, détenteurs du trophée depuis 132 ans, perdent pour la première fois la Coupe de l'America.

1984 (28 juillet-12 août) : les Américains remportent 83 médailles d'or aux jeux Olympiques de Los Angeles boycottés par les pays de l'Est. Quatre ans plus tôt, les Etats-Unis avaient refusé de participer aux jeux Olympiques de Moscou.

1985 ( août) : une nouvelle grève bouleverse le championnat de base-ball.

1986 (31 janvier-4 février) : les Etats-Unis récupèrent la Coupe de l'America à Freemantle (Australie) aux dépens de la Nouvelle-Zélande.

1986 (27 juillet) : le cycliste Greg Lemond est le premier Américain à remporter le Tour de France.

1988 (15-28 octobre) : une grève de quatorze jours perturbe le début de la saison de football.

# ORGANISATION ET PALMARES

## BASE-BALL

Le championnat nord-américain de baseball comprend vingt-six équipes répartiesen deux Leagues (*National* et *American*).Les deux premiers de chaque League disputent les *play-off* (demi-finales). Les World Series opposent, au meilleur des sept matchs, les deux ultimes équipes qualifiées. La saison de base-ball a lieu d'avril à novembre.

*National League (NL)*

Chicago Cubs
Atlanta Braves
Montreal Expos
Cincinnati Reds
New York Mets
Houston Astros
Philadelphia Phillies
Los Angeles Dodgers
Pittsburg Pirates
San Diego Padres
Saint Louis Cardinals
San Francisco Giants

*American League (AL)*

Baltimore Orioles
California Angels
Boston Red Sox
Chicago White Sox
Cleveland Indians
Kansas City Royals
Detroit Tigers
Minnesota Twins
Milwaukee Brewers
Oakland A's
New York Yankees
Seattle Mariners
Toronto Blue Jays
Texas Rangers

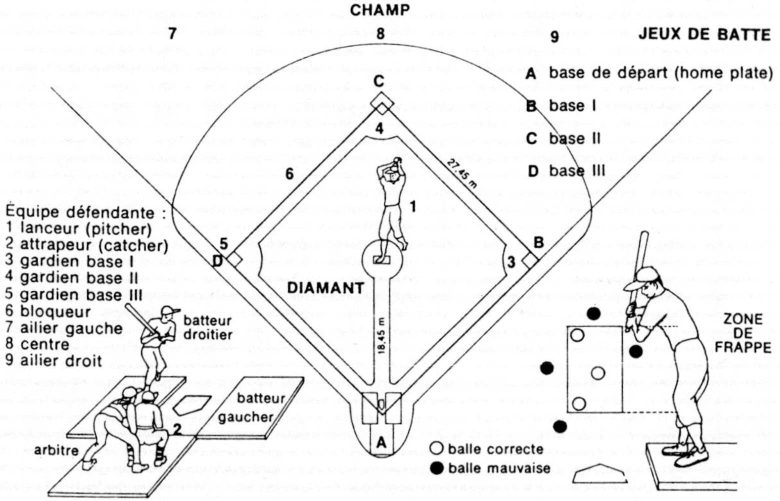

Palmarès des World Series (créées en 1903), depuis 1970

1970 Baltimore (AL)
1971 Pittsburgh (NL)
1972 Oakland (AL)
1973 Oakland (AL)
1974 Oakland (AL)
1975 Cincinnati (NL)
1976 Cincinnati (NL)
1977 New York (AL)
1978 New York (AL)
1979 Pittsburgh (NL)

1980 Philadelphia (NL)
1981 Los Angeles (NL)
1982 Saint Louis (NL)
1983 Baltimore (American League)
1984 Detroit (AL)
1985 Kansas City (AL)
1986 New York (NL)
1987 Minnesota (AL)
1988 Los Angeles (NL)
1989 Oakland (AL)

**BASKET-BALL**

Le championnat nord-américain de basket-ball comprend vingt-six équipes réparties en deux *Conferences* (Eastern et Western) et quatre Divisions (deux par Conference). La phase finale (*play-off*) rassemble les seize meilleures équipes du championnat. Elimination au premier tour au meilleur des cinq matchs; au meilleur des sept pour les tours suivants (finale comprise). La saison de basket-ball a lieu de novembre à juin.

*Western Conference*

Seattle Supersonics
Portland Trailblazers
Golden State Warriors
Los Angeles Lakers
Los Angeles Clippers
Phoenix Sun
Sacramento Kings
Houston Rockets
San Antonio Spurs
Dallas Mavricks
Miami Heat
Utah Jazz
Denver Nuggets

*Eastern Conference*

Milwaukcc Bucks
Detroit Pistons
Atlanta Hawks
Chicago Bulls
Cleveland Cavaliers
Indiana Packers
Atlantic Division
Boston Celtics
New York Knicks
New Jersey Nets
Philadelphia Sixers
Washington Bullets
Charlotte Hornets

Palmarès du championnat (créé en 1950), depuis 1970

1970 New York Knicks
1971 Milwaukee Bucks
1972 Los Angeles Lakers
1973 New York Knicks
1974 Boston Celtics
1975 Golden State Warriors
1976 Boston Celtics
1977 Portland Trail Blazers
1978 Washington Bullets
1979 Seattle Supersonics

1980 Los Angeles Lakers
1981 Boston Celtics
1982 Los Angeles Lakers
1983 Philadelphia 76ers
1984 Boston Celtics
1985 Los Angeles Lakers

1986 Boston Celtics
1987 Los Angeles Lakers
1988 Los Angeles Lakers
1989 Detroit Pistons

**FOOTBALL**

Le championnat nord-américain de football comprend vingt-huit équipes réparties en deux *Conferences* (American Football Conference et National Football Conference) et six *Divisions* (trois par Conference). Les meilleures équipes de chaque Division disputent deux tours de *play-off*. Les deux meilleures équipes de chaque Conference disputent une finale de championnat (AFC et NFC). Enfin les deux meilleures équipes de chaque championnat disputent le Super Bowl, ultime rencontre de la saison. La saison de football a lieu de septembre à janvier.

*National Football Conference (NFL)*

Los Angeles Rams
Philadelphia Eagles
San Francisco 49ers
New York Giants
New Orleans Saints
Washington Redskins
Atlanta Falcons
Phoenix Cardinals
Dallas Cowboys
Minnesota Vikings
Chicago Bears
Detroit Lions
Green Bay Packers
Tampa Bay Bucaneers

*American Football Conference (AFL)*

Seattle Seahawks
Buffalo Bills
Denver Broncos
New England Patriots
Los Angeles Raiders
Miami Dolphins
Kansas City Chiefs
Indianapolis Colts
San Diego Chargers
New York Jets
Houston Oilers
Cincinnati Bengals
Cleveland Browns
Pittsburg Steelers

Palmarès du Super Bowl
(créé en 1967)

1967 Green Bay Packers (NFL)
1968 Green Bay Packers (NFL)
1969 New Yorks Jets (AFL)

1970 Kansas City Chiefs (AFL)
1971 Baltimore Colts (AFC)
1972 Dallas Cowboys (NFC)
1973 Miami Dolphins (AFC)
1974 Miami Dolphins (AFC)
1975 Pittsburgh Steelers (AFC)
1976 Pittsburgh Steelers (AFC)
1977 Oakland Raiders (AFC)
1978 Dallas Cowboys (NFC)
1979 Pittsburgh Steelers (AFC)

1980 Pittsburgh Steelers (AFC)
1981 Oakland Raiders (AFC)
1982 San Francisco 49ers (NFC)
1983 Washington Redskins (NFC)
1984 Los Angeles Raiders (AFC)
1985 San Francisco 49ers
1986 Chicago Bears (NFC)
1987 New York Giants (NFC)
1988 Washington Redskins (NFC)
1989 San Francisco 49ers (NFC)
1990 San Francisco 49ers (NFC)

Ci-contre, le terrain de football qui met en évidence le *scrimmage* (cf. Glossaire).

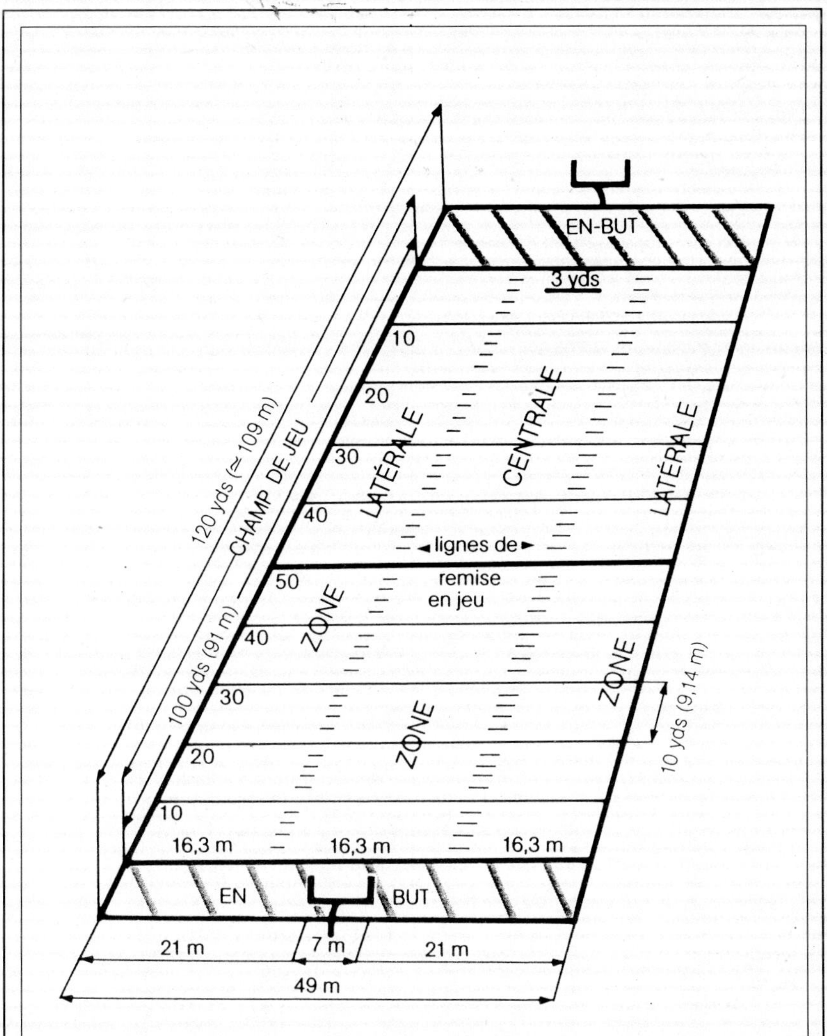
EN-BUT
3 yds
10
20
30
40
50
40
30
20
10
LATÉRALE
CENTRALE
LATÉRALE
ZONE
ZONE
ZONE
lignes de
remise
en jeu
120 yds (≃ 109 m)
CHAMP DE JEU
100 yds (91 m)
10 yds (9,14 m)
16,3 m
16,3 m
16,3 m
EN
BUT
21 m
7 m
21 m
49 m

## HOCKEY SUR GLACE

Le championnat nord-américain de hockey sur glace comprend vingt et une équipes réparties en deux *Conferences* (Campbell et Wales) et quatre *Divisions* (deux par Conference). Les seize meilleures équipes sont qualifiées pour la phase finale (*play-off*). Elimination au meilleur des cinq matchs au premier tour; au meilleur des sept aux tours suivants (finale comprise). La saison de hockey sur glace a lieu d'octobre à mai.

*Campbell Conference*

Edmonton Oilers
Los Angeles Kings
Vancouver Canucks
Winnipegs Jets
Calgary Flames
Chicago Blackhawks
Minnesota Northstars
Saint Louis Blues
Toronto Mappleleafs
Detroit Redwings

*Wales Conference*

New York Rangers
New York Islanders
New Jersey Devils
Pittsburgh Pingouins
Washington Capitals
Philadelphia Flyers
Montreal Canadiens
Buffalo Sabres
Hartford Whales
Boston Bruins
Les Nordiques de Québec

Palmarès de la Stanley Cup, (créée en 1926), depuis 1970

1970 Boston Bruins
1971 Montreal Canadiens
1972 Boston Bruins
1973 Montreal Canadiens
1974 Philadelphia Flyers
1975 Philadelphia Flyers
1976 Montreal Canadiens
1977 Montreal Canadiens
1978 Montreal Canadiens
1979 Montreal Canadiens

1980 New York Islanders
1981 New York Islanders
1982 New York Islanders
1983 New York Islanders
1984 Edmonton Oilers
1985 Edmonton Oilers
1986 Montreal Canadiens
1987 Edmonton Oilers
1988 Edmonton Oilers
1989 Calgary Flames

## GLOSSAIRE

- **Batter** (base-ball) : joueur de l'équipe offensive qui frappe la balle avec sa batte.
- **Catcher** (base-ball) : joueur de l'équipe défensive qui se tient derrière le *batter.*
- **Diamant** (base-ball) : champ intérieur. Aire de jeu qui épouse la forme d'un losange de 27 mètres de côté.
- **Down** (football) : tentative. Chaque équipe a quatre downs pour progresser de dix yards. En cas d'échec, le ballon revient à l'adversaire. Fréquemment, la quatrième tentative est un coup de pied.
- **Draft** (omnisport) : sélection des meilleurs joueurs universitaires susceptibles d'être engagés la saison suivante dans une équipe professionnelle.
- **End zone** (football) : partie du terrain située derrière la ligne de but où l'on marque les *touch downs.*

- **Fielder** (base-ball) : joueur de l'équipe défensive qui se trouve sur le terrain, ou *field.*
- **Field goal** (football) : équivalent de la pénalité au rugby. Il vaut trois points.
- **Goal-kick** (football) : transformation du *touch-down.*
- **Hit** (base-ball) : coup frappé par le *batter* et qui le fait avancer d'une base.
- **Huddle** (football) discussion entre les joueurs et le *quarterback* sur la tactique à suivre.
- **Fumble** (football) : récupération de la balle après une maladresse de l'adversaire.
- **Home run** (base-ball) : tour des bases effectué par le *batter* dans l'ordre inverse des aiguilles d'une montre après qu'il a frappé une balle.
- **Indfielder** (base-ball) : joueurs de champ intérieur. Au nombre de six, ils se positionnent tout autour du diamant. Parmi eux on distingue le *pitcher* (lanceur), le *catcher* (receveur), les *first, second* et *third base* (première, deuxième et troisième base) et le short-stop (arrêt court).
- **Inning** (base-ball) : manche. Un match de base-ball se décompose en neuf *innings.* Lorsque trois frappeurs ont été éliminés de part et d'autre, la manche est terminée même si aucun point n'a été marqué.
- **Kick** (football) : équivalent de la transformation au rugby. Il vaut un point.
- **Moyenne à la batte** (base-ball) : elle indique le nombre de coups sur mille frappés par le *batter* et qui lui ont permis d'avancer.
- **Outfielder** (base-ball) : joueurs de champ extérieur. Au nombre de trois, ils occupent le reste du terrain.
- **Pitcher** (base-ball) : joueur de l'équipe défensive qui lance vers le *batter.*
- **Play-off** (omnisport) : phase finale d'un championnat.
- **Puck** (hockey sur glace) : palet.
- **Quarter** (football) : quart-temps de quinze minutes effectives.
- **Quarterback** (football) : à la fois demi d'ouverture et demi de mêlée, le *quarterback* est le cerveau de l'équipe qui commande la tactique.
- **Sack** (football) : plaquage du quarterback.
- **Safety** (football) : si un attaquant est plaqué par un défenseur derrière sa ligne de but, l'équipe qui était en défense marque un *safety* (2 points).
- **Scrimmage** (football) : aire de jeu divisée en neuf bandes de dix yards (9,10 mètres). L'équipe attaquante dispose de quatre tentatives (ou *downs*) pour franchir une de ces bandes. Si elle y parvient, elle dispose de quatre nouvelles tentatives... jusqu'à atteindre la ligne d'en-but adverse.
- **Soccer** : nom américain du football européen.
- **Stanley Cup** (hockey sur glace) : finale du championnat nord-américain.
- **Strike** (base-ball) : balle que le frappeur a tenté de cogner sans y parvenir. Au bout de trois strikes, le frappeur est éliminé.
- **Sudden death** (football) : la «mort violente» (ou «subite») est une prolongation du match proprement dit qui permet de départager deux équipes à égalité à la fin du temps réglementaire. La première qui marque a gagné.
- **Super Bowl** (football) : finale du championnat nord-américain.
- **Touch down** (football) : l'équivalent de l'essai au rugby. Il vaut six points et est accordé dès qu'un joueur passe la ligne d'en-but avec le ballon ou en le recevant.
- **World Series** (base-ball) : finale du championnat nord-américain disputée en fin de saison, sur plusieurs matchs, par les meilleures équipes de chaque ligue.

## BIBLIOGRAPHIE


**Revues**

- En américain : *Sports Illustrated*

- En français : *Newsport, Sports Action, US Football.*

**Généralités**

Atherton (J.) et Siblet (R.) *Le sport en Grande-Bretagne et aux Etats-Unis.* Presses Universitaires de Nancy, 1988.

Durant (John), *Yesterday in sports,* Barnes, 1956.

Durant (John) et Bettmann (Otto), *Pictoral History of American sports,* Barnes, 1952.

*Facts & dates of american sport,* Gordon Carruth et Eugene Ehrlich, Perennial Library, 1988.

Lipsky (Richard), *How we play the game,* Beacon Press, 1981.

Manchester (Herbert) *Four Centuries of sport in America,* Benjamin Blom, 1957.

Mandell (Richard D.) *Sport a cultural history,* Columbia University Press, 1984.

Meserole (Mike), *Sports almanach,* Mike Meserole Editor, 1989.

Michener (James A.), *On sport,* Corgi, 1976.

Nixon (Howard L.), *Sport and the American dream,* Leisure Press, 1984.

Twombly (Wells) *200 years of sport in America,* Mc Graw-Hill Book Compagny, 1976.

**Base-ball**

*Diamonds are forever, artists and writers on baseball,* sous la direction de Peter H. Gordon, San Francisco Chronicle Books, 1987.

Durant (John), *The story of baseball,* Hastings House, New York, 1947.

Smith (Robert), *Baseball in America,* Holt, Rinehart & Winston, New York, 1961.

**Football**

Eddy (George), *Le fabuleux football américain,* O.D.I.L, 1987..

*The fireside book of football,* Simon & Schuster, New York, 1964.

**Basket-ball**

Maleval (Jean-Jacques), *Le fabuleux basket américain,* Calmann-Lévy, 1972.

**Hockey**

Diamond (Dan) et Romain (Joseph), *The official history of the game and its greatest stars,* Hockey Hall of Fame, Doubleday, NY & Toronto, 1988.

**Sport et cinéma**

Spears (Jack), *Hollywood, the Golden Era* (Chap. 8 : «Baseball on the screen»), A.S. Barnes and Co, New York, 1971.

*Sports films : a complete reference,* compiled by Zucher and Babich, London, Mac Farland, 1987.

Bergan (Ronald), *Sports in the movies,* Proteus Books, New York-London. 1982.

## TABLE DES ILLUSTRATIONS

### COUVERTURE



### OUVERTURE



### CHAPITRE I



### CHAPITRE II

## CHAPITRE III



## CHAPITRE IV

## CHAPITRE VI



## TÉMOIGNAGES ET DOCUMENTS

# INDEX

## A-B



## C-D



## E-F-G



## H-I-J

## CRÉDITS PHOTOGRAPHIQUES

Allsport/T. Jones, London, 116. Bettmann/UPI, New York, 20-21, 24h, 26h, 29d, 30h, 51g, 52, 53, 54-55b, 55h, 62, 77, 79bd, 80bg, 90, 96, 98h, 98b, 100b, 107, 112, 113, 132, 146bd, 147h, , 147b, 148, 148b, 149h, 149bg, 149bm, 149bd. Bibliothèque Nationale/Estampes, Paris, 2. Bridgeman Art Library, Londres, 30-31b, 45h.
Brown Brothers, Sterling (Pennsylvania), 24b, 31h, 43, 46, 46-47b, 49, 50, 56b, 57, 61, 63h, 63b, 69, 70, 72-73, 75, 76, 79bg, 82h, 83, 85h, 85b, 89h, 91m, 93h, 95, 101hg, 101b, 106, 110, 136, 140. Butler Institute of American Art, Yougstown (Ohio), Couv. Ier plat. *Cahiers du Cinéma,* Paris, 156bg, 158h, 158mg. Charmet (Jean-Loup), Paris, 36m, 38, 71, 73. Cinémathèque Française, Paris, 156-157m, 157h. collection Laget (Serge), Paris, 33, 37. Colorsport, Londres, 115d. the Corcoran Gallery of Art, Washington DC., 14. Cosmos/Ferorelli, Paris, 119. Culver Pictures, New York, 40, 56d, 59, 68, 82b. D.I.T.E/PPP, Paris, 70-71, 105, 108g, 108d, 109, 118, 130, 134, 146h, 146bg. D.R, 97, 123. Edimédia, Paris, 18-19h, 19b, 25, 26-27b, 39. E. T. Archive, Londres, 21h, 27h, 28-29, 44-45b. Explorer/Annunziata, 124, Explorer/FPG, 8, 78h, 94b, 101hd, 141, Explorer/Mary Evans, 22b, 42, 66, 74, 99, Explorer/Moisnard, 4e de couv.. Gamma Sport, Paris, 128. Giraudon, Paris, 12, 13, 16h, 16-17b, 22h. Keystone, Paris, 58, 80bd, 81b, 84, 87, 89b, 92, 93b, 104, 111, 139. Kipa, Paris, 157md, 158md. Loupien (Serge)/*Libération*, 150. Magnum/Freed, 103, Magnum/Arnold, 126, Magnum/Depardon, 114, 115g, Magnum/E. Erwitt, 1, 15b, Magnum/Hurn, 122g, 122d. Museum of Art, Rhode Island School of Design, Providence (Rhode Island), 35. National Baseball Hall of Fame & Museum, Cooperstown (New York), 51d, 64-65, 80h, 81h, 86-87, 137. photothèque Perrin (D.R.), Vélizy, 5, 6, 36h. Peter Newark, Bath, 17, 23, 32, 34-35, 48, 54h, 78b, 79h, 91g, 129, 133. Presse-Sports, Paris, 4-5, 6-7, 10-11, 120, , 121, 127, 143, 152. Rapho, Paris, 102, Rapho/G. Cranham, 154-155. Roger-Viollet, Paris, 41, 67, 88, 94h, 100hd, 100hg. C. Schulz, 117. Sipa Icono/ E.R.L, Paris, 60, 72. Stars-Films, Paris, 156h, 159 ;Tapabor/ De Selva, Paris, 15h. Temp Sport, Paris, 8-9. Vandystadt-All Sport, Paris, 2-3, Vandystadt/Patit-Loubat, 125, Vandystadt/M. Powell, dos, Vandystadt/R. Stewart, 145. Yale University Art Gallery, New Haven (Connecticut), 1h.

## COLLABORATEURS EXTÉRIEURS

La maquette, Témoignages et Documents compris, a été réalisée par Manne Héron. Any-Claude Médioni a participé à la recherche iconographique.

# Table des matières